金师起点·超级讲师精品书系

# 企业四季运营管理系统

## 打造基业常青的四大法则

张顾怀◎著

中国财富出版社

图书在版编目（CIP）数据

企业四季运营管理系统：打造基业常青的四大法则／张顾怀著．—北京：中国财富出版社，2016.3

（金师起点·超级讲师精品书系）

ISBN 978-7-5047-6014-2

Ⅰ.①企…　Ⅱ.①张…　Ⅲ.①企业管理　Ⅳ.①F270

中国版本图书馆 CIP 数据核字（2016）第 001907 号

策划编辑　宋宪玲　　责任编辑　宋宪玲
责任印制　何崇杭　　责任校对　饶莉莉　　责任发行　敬　东

出版发行　中国财富出版社
社　　址　北京市丰台区南四环西路 188 号 5 区 20 楼　　邮政编码　100070
电　　话　010-52227568（发行部）　　010-52227588 转 307（总编室）
　　　　　010-68589540（读者服务部）　　010-52227588 转 305（质检部）
网　　址　http：//www.cfpress.com.cn
经　　销　新华书店
印　　刷　北京京都六环印刷厂
书　　号　ISBN 978-7-5047-6014-2/F·2530
开　　本　710mm×1000mm　1/16　　版　　次　2016 年 3 月第 1 版
印　　张　12　　印　　次　2016 年 3 月第 1 次印刷
字　　数　209 千字　　定　　价　32.00 元

# 编委会

# 序　言

靠“精益管理”打败世界巨头福特，丰田做到了；强调企业文化，靠“诚信、质量管理”，让顾客排队还有做不完的生意，德胜做到了；靠“分配机制”成为行业领跑者，拥有 8 万名员工，实现年创造 200 多亿元营业额，顺丰做到了；靠“服务管理”颠覆火锅行业，海底捞做到了；靠“积分制管理”经营 250 多个项目走向全国，全员营销，老板不做业务，群艺做到了；“标准化管理”经受无数次质疑还被相信，并且走向世界，麦当劳、肯德基做到了；讲不清楚它是什么战略、模式，企业创办之初就拿出几亿元来建立企业管理法，从而奠定基础，打败国际对手，走向世界，华为做到了。

任正非说：“华为花十几亿元来发展管理系统，就是为了建造一个‘傻瓜’也能发挥的系统。”李嘉诚说：“‘无为而治’要有好的制度、好的管治系统才能做到，我们现在大概有 25 万名员工，分布在 55 个国家。我们的员工大部分在西方国家，如果你没有良好的制度，就没有足够的时间去管理。只要兼具四种因素（好谋而成、分段治事、不疾而速、无为而治），成功的蓝图自然展现。”

企业运营管理，要着眼于人、事、物。有战斗力的团队更需要分清责、权、利，以一套完整的管理系统来支撑，所谓商道，需顺应天、地、人三道，组织成长也应从道、法、术的三个层面汲取营养。

此书得以出版感谢朱智宗老师的付出！

# 目　录

## 第一篇　春·生　企业基因，企之“根”



## 第二篇　夏·长　企业支柱，企之“干”

## 第三篇 秋·收 企业绩效，企之“果”



## 第四篇 冬·藏 企业常青，企之“叶”

# 第一篇

# 春·生

# 企业基因，企之“根”

# 第一章　企业文化

老子说："太上，不知有之；其次，亲而誉之；其次，畏之；其次，侮之。信不足焉，有不信焉。悠兮其贵言。功成事遂，百姓皆谓：'我自然'。"

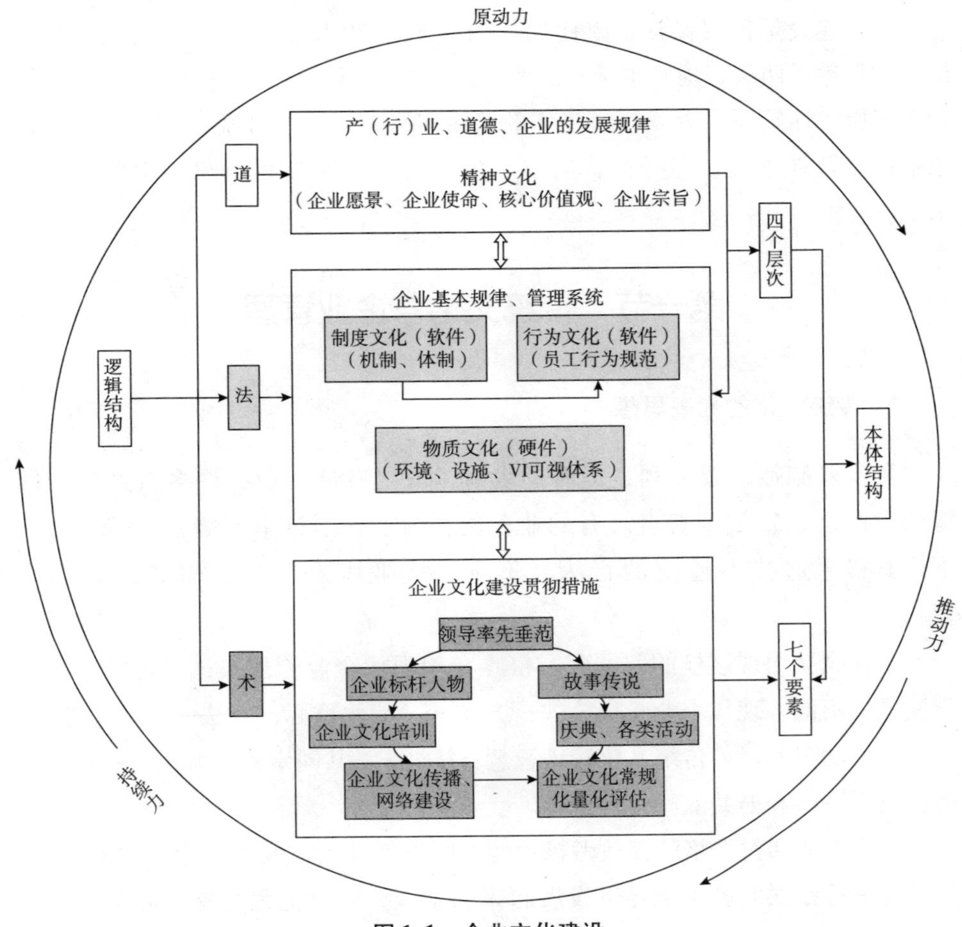


图 1.1　企业文化建设

说明管理分四个层次，最高层次是主要领导人不在企业，但他的思想及灵魂却影响着整个企业，并且是长期的影响，这就是企业文化的力量。企业文化好比植物的种子、树的根，根深才能固本，渊源方可流长。

文化建设如同一幢摩天大楼的地基，地基越稳，大楼就越安全，其寿命就会越长。毛竹用了 4 年的时间仅仅长了 3 厘米，从第 5 年开始，它以每天 30 厘米的速度疯狂地生长，仅仅用了 6 周的时间就长到了 15 米。其实，在前面的 4 年，毛竹将根在土壤里延伸了数百平方米。盖房子亦是如此，如果要建一幢 100 层以上的大楼，前期 3 年以上的时间你可能看不到一层楼房，当地基打好以后，每天会以一层的速度上升；企业文化的系统建设，就如同铁打的营盘，当营盘牢固似铁，便会基业常青。

文化建设是顶层设计，就比如你未来想盖 20 层的房子，可你现在没有钱，你只盖了两层，地基也是打的两层的地基，当你有了一些钱后加盖一层，变成三层，地基还可以承受，当你的钱再多一些，你又加盖一层，这个时候地基也能勉强承受，但是当你有更多的钱想继续加盖时，恐怕就要推倒重来了。

## 第一节　传统文化与企业管理

### 1. 传统文化的代表思想

企业要赚钱，要赢利，但君子爱财，取之有道。现在许多企业生产假冒伪劣产品，欺骗消费者。有的业务员，为了得到订单，坑蒙拐骗，无所不用其极，这些不道德的行为，不正是企业唯利是图、追名逐利的表现吗？

为什么会出现这样的问题呢？根本在于现代企业管理模式与传统文化管理模式的不同。现代企业管理模式：方向——绩效目标；方法——严格考核；结果——功名利禄。传统文化管理智慧：方向——共同幸福；方法——仁爱利他；结果——和谐共赢。

许多企业通过严格的绩效考核也能不断发展壮大，成为有竞争力的企业。但是在一些错误的思想指导下发展起来的企业，同时也很容易培养出一批自私自利、利欲熏心的小人。根基出现问题，建成的大厦随时都有坍塌的可能。

当年三鹿奶粉因为掺有剧毒物质三聚氰胺而一夜间崩溃，不禁让我们惊诧，企业到底是以营利为目的，还是把消费者的需要当作目标。而中国传统文化的管理智慧就是要以满足顾客的需要为前提，从而达到共同幸福的目标，只有双赢才会是永久的。

中国传统文化是中国古圣先贤思想智慧的结晶，主要指儒、释、道三家。被西方誉为“东方三圣人”的就是这三家的代表人物：儒家的孔子，道家的老子，释家的六祖惠能。

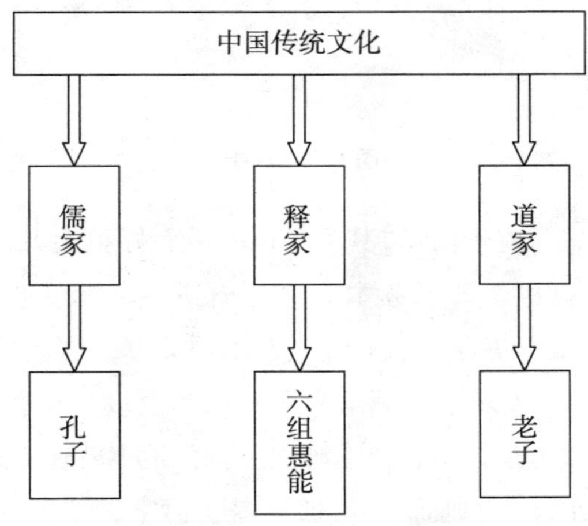


**图 1.2　中国传统文化中的三家及其代表人物**

三家皆尚柔：儒家讲中庸，道家讲太极，佛家讲圆融；三家皆讲爱：儒家说仁义，道家说无为，佛家说慈悲，都充满一种人性的关怀；三家皆内省：儒家讲自省，“吾日三省吾身”；道家讲自知，“知人者智，自知者明”“胜人者有力，自胜者强”；佛家强调向内观望，“观自在菩萨”；三家皆修心：儒家讲“天下之元在于王，一国之元在于君，君之元在于心”；道家讲“欲入吾教，先要修心”；佛家讲“万法唯心造”。

### 2. 教育的根本是培养德行

自汉武帝时期起，儒家学说被正式确立为教育政策。这个教育政策一直保持到 20 世纪上半叶。宋朝朱熹曰：“父子有亲；君臣有义；夫妇有别；长幼有序；朋友有信。”即五伦大道，这就是儒家教学的总纲领、总原则。它告诉我们思维的方法：博学、审问、慎思、明辨、笃行。待人接物的原则：言忠信，行笃敬；己所不欲，勿施于人。而教育的根本乃是培养德行，具体来讲就是“八端”：孝、悌、忠、信、礼、义、廉、耻，如图 1.3 所示。

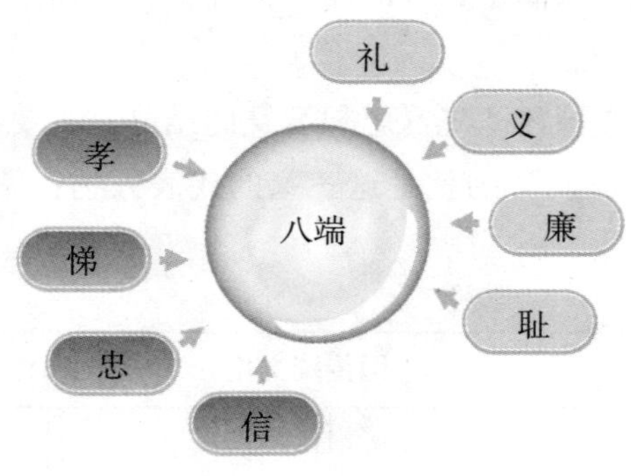


**图 1.3　八端**

孝：百善孝为先。有子曰：“其为人也孝悌而好犯上者，鲜矣。不好犯上而好作乱者，未之有也。君子务本，本立而道生。孝悌也者，其为仁之本与?”这段话的意思是，有子说：“做人，孝顺父母，尊敬兄长，而喜好冒犯长辈和上级的，是很少见的；不喜好冒犯长辈和上级，而喜好造反作乱的人，是没有的。君子要致力于根本，根本确立了，仁道也就在心里扎下了根。”

悌：“弟子入则孝，出则悌。”“悌”是会意字，一个“心”字，跟一个弟弟的“弟”字，心在弟旁，心中有弟，表示哥哥对弟弟妹妹的关心；而“弟”字又有“次第”的意思，即弟弟对哥哥要尊敬顺从。兄弟之间如能各尽其道，自然和睦友爱。

忠：“君使臣以礼，臣事君以忠。”“忠”也是会意字，一个“中”字，加一个“心”字，表明“心正”。一个人的心不偏不斜，是为“忠”，换句话说，就是经典里面讲的正知正见。我们每个人都应当忠于自己的祖国，忠于自己的事业。

信：“凡出言，信为先，诈与妄，奚可焉。”“人无信则不立，国无信则衰。”这些讲的都是做人要诚实，不欺骗他人。我们与人交往要有诚信。民无信不立，与人交往，不食言，不妄语，不轻诺，言必信，行必果。

礼：“不学礼，无以立。”“礼之用，和为贵”这是由一定社会的道德观念和风俗习惯形成的大家共同遵守的礼仪。我们在日常生活和工作中，都应以礼待人，要知节用和，克己制欲，不涉奸乱，端正心思，以德治事。

义："义之法在正我，不在正人。"这指的是公正合宜的道理或举动，我们应该具有正义感，在社会活动中言行举止合乎正义和公益，不起盗心，不占便宜，不偏不倚，俯仰无愧。

廉："廉者民之表也，贪者民之贼也。"这指人的品行正，不贪污，廉洁自律。我们做事应洁身自爱、廉洁奉公，不起贪求之心，没有占便宜的想法，而养成大公无私的精神。特别对领导来说，要真正认识到，领导是服务于下属的，要正确对待手中的权力，在思想上要勤政廉政，以贪污受贿为耻。同时，要建立好对权力的监督制约体系，保证权力沿着制度化、法制化的轨道运行。

耻："人有耻则能有所不为。"做人应懂得知耻、要有羞耻感。凡是不合道理的事，违背良心的事情，绝对不做。树不要皮，必死无疑，人不知耻，天下无敌。人若无耻，等于和禽兽一样，什么坏事都能做出来。"耻"也是自尊自重。孔子曰："知耻近乎勇。"知道错误就去改过，不也是勇的表现吗？

### 3. 心灵是智慧和潜能的本源

心灵是人类的思想，是智慧和潜能的本源。孙中山先生说："心，信其可行，则移山填海之难，终有成功之日；心，信其不可行，则反掌折枝之易，亦无收益之期。"心灵的力量是一种精神能量、心理潜能、思想感召力。心灵的力量是一种意向、梦想、愿景。心灵的力量不仅可以改变一个人的命运，而且可以影响一个企业的兴衰。

代表东方智慧的管理思想有三个体系，分别是以人为本、以德为本和以心为本。以人为本和以德为本的管理思想主要以中国传统的儒家思想为基础，综合了崇尚自然法则的道家哲学，而以心为本的经营理念则更多的来自佛学精华。

以人为本的典型管理方式可以从管仲帮助齐桓公称霸的治理手法中略见一斑。这种方法强调对下属的管理，要从人性出发，鼓励人性中的善，遏制人性中的恶。

以德为本的典型代表是山西晋商。德在这里表现为"仁、义、礼、智、信"等行为准则，其中特别强调"义"和"信"这两个字。以义制利，诚实守信，是以德为本经营的核心。不过，社会的道德标准首先随着社会进步不断变化；其次，不同的文化价值观念对道德要求也不一致。在法治较为完善的社会中，法律成为道德参照的底线。

以心为本深植于禅宗的内心修炼。事实上，稻盛和夫本人与佛有不解之缘。他出生的家庭笃信佛教，在稻盛和夫事业低潮期间，他曾向圆福寺的西山片雪老师倾诉烦恼并获高僧指点迷津。佛教的众多概念，如“孽”“报应”“善果”和“心相”等，对稻盛和夫的信仰影响至深，他于1997年正式皈依佛门。以心为本管理思想的精髓建立在自己积极向上的心相上，并以自己内心的纯正对待他人。所以，以心为本的管理首先要求我们每个人要有一个正确对待生活和他人的心相。一个人的行为和对他人的态度乃至做法会映射出自己的心相。

树立以心为本的管理理念，是尊重人的自我空间，不是倡导个人主义，把个人凌驾于组织之上。在实施以心为本的管理中，要形成集思广益、众志成城、团结共进的工作氛围与人际关系。在推行管理中，要在人的积极性、创造性已调动起来的基础上，建立一支具有和谐人际关系和高度凝聚力的协调共进的员工队伍，这是管理者在实施心本管理的落脚点。

### 4. 好的管理一定要关注人心

我问过许多管理人员：管人重要还是管事重要？大家都会回答：当然是管人重要，因为事是人做的。我进一步问：你在实际的管理工作中，你是管人的时间多，还是管事的时间多？他们这才意识到，实际情况与他们的回答正好相反。

许多管理人员每天都是陷于事事物物的管理中不能自拔，忽视了对人心的呵护，有的甚至员工找上门来想与之倾谈，他都会以没有时间为由拒绝。实际上，管理人员与下属谈话，这是重要的工作内容之一。“天时不如地利，地利不如人和。”“人和”就是指人心所向。

《论语》上讲：“君子务本，本立而道生。”管理经历了物本管理、人本管理到心本管理，中国几千年优秀的传统文化是心本管理最强有力的思想武器。中国传统文化运用于现代管理，可以被高度地概括为一个字，就是“心”。中国几千年的文化积淀，古圣先贤的思想智慧，无不与修心紧密相连。

真正好的管理一定要关注人心、触动人心。一切能够赢得员工心的言行，就是管理所努力的方向。而赢得员工心的方法，不外乎物质和精神两个方面。物质由市场决定，现实中的绝大多数企业的员工的福利报酬相差不会太大，而精神方面则有很大的空间可以挖掘。

要想赢得员工的心，首先我们自己要树立正确的价值观，要用中国传统文化的仁爱思想武装我们的头脑，只要我们为员工着想、关爱员工，就会产生万众一心、泰山可移的效果。

一个没上过一天学、地地道道的农村老太太，居然在短短6年间白手起家，创办了一个资产达13亿元的私营大企业！这并非耸人听闻。

创造这个真实童话的农村妇女名叫陶华碧，对于她的名字，许多人也许茫然不知，但提起她的“老干妈”麻辣酱，却是无人不知、无人不晓。认识她的人，包括员工都亲切地称她为“老干妈”。老干妈公司曾名列“中国私营企业50强”第5名，上缴各项税金3.8亿元，产品已出口到美国、澳大利亚、加拿大等30多个国家和地区。“老干妈”已发展成为全国知名企业。

这个连文件都看不懂的农村老干妈到底是如何将企业带上了这样一个让许多科班出身、国外留学的管理专家也望尘莫及的高度，她的创业绝招是什么呢？

有记者曾问老干妈：“您没有文化，又从来没有学过管理，怎么能取得如此辉煌的成就呢？”

老干妈回答得非常好：“我虽然没有学过管理，但我当过妈妈。”言下之意，她把员工当作自己的小孩来对待。记者又问：难道您没有惩罚过你的员工？老干妈说：“当然惩罚过，不过惩罚的利剑一定要掌握在妈妈的手中。”

一个“爱民如子”的老干妈，即使责罚过员工，相信员工也会在责罚中感受到老干妈的那份爱意。成功的企业是相似的，不成功的企业各有不同。我想大家已经悟到了老干妈的成功之道。

## 第二节　企业文化要以心为本

有一家民营企业经过数年苦心经营，已经具备了相当的规模，产品畅销全国，部分还远销国外。但随着企业规模的壮大，老板张总日益感到力不从心。自己的期望、想法、思路一往下执行就全变了样；各级之间都存在沟通障碍；员工与公司很难达成共识，员工对公司的理念、价值观没有认可度；大多数员工并没有全身心工作；几乎所有的艰辛和困苦都是老板自己一个人在扛；员工中很多是老乡、亲戚关系，裙带关系盛行；公司整个团队上千人，左看右看都像一群游兵散勇……

这是一个非常有代表性的案例。我前往调研后，认为该企业在企业文化建设过程中，遇到了以下困惑：

首先，对企业文化建设的认识程度很低。对企业文化的认知停留在物质的表层，以为做一些公关活动、广告推广、社会公益和职工的文化娱乐活动；或者觉得统一了着装，统一了企业的标识，做了形象设计，自己就已经很有“文化”了。而漠视了企业文化中最本色的部分，即企业核心理念的确立与推广。

其次，忽视了文化建设的重点是对员工的教化。虽然设计了与企业文化有关的材料，但仅仅是把它设计出来、展现出来，然后束之高阁，说得严重一点，把企业文化当作一尊佛像供奉在那里，而缺乏对员工进行深层次的教化，就无法得到员工的广泛认同和接受，无法在员工心中扎根发芽，无法转化为员工真正的行动。

最后，企业文化建设中漠视人性。对于大多数中国人，你跟他们谈文化素养，谈人性关爱，他们多半不会理解。他们会说，公司的氛围不好，沟通不通畅，执行力不强……但不会深层次地想想，这原来都是文化的原因。

我在一个厂区观察到的情况是：全公司近千人，只有一个公用厕所，建在离员工密集的厂区还有近百米的距离，而且很简陋，人们稍一靠近，就会闻到刺鼻的异味……

其他有待改进的地方这里不多说，可见公司对于员工人性关怀的重视严重不够。一个成熟健康的企业文化是“以心为本”的。企业这种漠视人性关怀的做法是对社会不负责任。

### 1. 管理要顺“道”而为

最好的企业文化是利他的文化。我从事企业培训工作，接触了很多大小不同的企业，在与这些企业的交流中发现，在经营管理方面走得艰难的企业，一定是背“道”而行，相反则一定是顺“道”而为。

用我们古圣先贤的思想智慧来指导我们的管理言行，自然会循道而行。

海航集团1993年以1000万元起家，截至2012年12月，海航集团总资产近3600亿元。2010年其被评为中国内地首家五星级航空公司。

海航集团领头人陈峰多次强调：海航的发展离不开中国传统文化的厚重积淀，海航与中国传统文化有着讲不完的故事。吸收了中国优秀文化精华的海航集团倡导一种不断变革和创新、不断追求完美的人生；倡导不断为社会、为他人做事的精神；倡导先做人后做事。在这种意义上，海航是一所人生大学。

“人不知而不愠，不亦君子乎”中的“愠”是什么意思？曾子曰“吾日三省吾身”，这三省指什么？……

别误会，当你看到以上问题时，不要以为是在学校古文考试的现场，这些问题源自海南航空员工的转正考试题——所有经过三个月试用期的员工在正式成为海航一分子之前，都必须解答这样一份试卷。

海航的一名普通员工很可能在不经意的时候接到一个电话。会有一个声音直截了当地问你：《同仁共勉十条》中的第5条是什么？如果你回答不出来，那么很抱歉，你的这个月的绩效工资可能将被有理有节地扣掉一小部分。

《中国传统文化导读》《同仁共勉十条》《海航管理干部必修读本》是海航极为推崇的三本读物。与很多国际企业向员工宣读激励机制或宣扬西方管理思想不一样，海航更倾向于教导员工怎样做人。

陈峰大量阅读佛家经典，他的宗旨是“精进人生，造福众生”。他每天写心得体会，起名为《参禅随笔》。陈峰自己说过，每到夜深人静，便参禅入定，遁入空灵。他说自己是“晚上出世，白天入世”。

海口的海航集团大厦，一进大堂，正中央就可以看见一尊很大的木雕佛像，传言海航所有工作人员的胸牌吊带都是专门找名刹高僧开过光的。据说海航很多办公室里都会看见佛像甚至佛龛。海航机长的工作牌背后都印有佛像。每架飞机驾驶舱的操作台上都有一尊佛像。

海航同人共勉十条：团体以和睦为兴盛，精进以持恒为准则；健康以慎食为良药，诤议以宽恕为旨要；长幼以慈爱为进德，学问以勤习为入门；待人以至诚为基石，处众以谦恭为有理；凡事以预立而不劳，接物以谨慎为根本。

如果你是海航的一员，不仅要做好本职工作，也要通过各种形式学习中国的传统文化，比如背诵《同仁共勉十条》。由国学大师南怀瑾主持议定的《同仁共勉十条》大部分内容与工作无直接关系，而是教导做人做事的道理，这十条已经在海航的员工中推广了好几年，成为海航全体员工做人做事的行为准则。

海航的管理层也会为员工亲自做“三为一德”（为人之君、为人之师、为人之亲）的培训，告诉员工怎么做人、怎么做事。中层管理干部还要每月写一篇心得，在内网上公布并让员工评论、回复，而高级管理干部也要手写心得，每年四篇，由董事长陈峰亲自批阅。

如今的海航，中国传统文化的学习已深入人心，海航采取了领导授课、网络教育、传统文化资料自学、例会学习、座谈交流、演讲、辩论等多种培训学习形式，员工无论在工作还是生活方面都得到了很大的帮助和改善。

### 2. 管理的道在传统文化

管理之道在哪里？在中国优秀的传统文化之中。中国五千年文明的优秀文化传统有天、地、人、王、家、世、同、商、水、谦、静、乐十二道，给我们炎黄子孙留下了宝贵的精神财富，它犹如一座取之不尽的宝藏，积淀着智慧结晶，映射着理性光辉。

不论你的企业现在处于何种阶段，领导的“道”是相同的，方向是一致的，那就是：得人心者得天下。

南京菲尼克斯中国公司，从1993年起的15年间，公司员工增长15倍，投资增长60多倍，总资产增加300多倍，国内销售增长600多倍，2008年在全球金融危机的背景下，公司再次实现销售收入同比增长25%，营业收入突破12亿元人民币。在近似“疯狂增长”的背后，是什么力量在推动的呢？答案是：企业的管理文化。是什么样的管理文化呢？

菲尼克斯中国公司这个落户于南京的合资企业并没有完全照搬国外的管理模式，而是把中国传统文化作为企业可持续发展的智慧源泉，全力导入中国传统文化。他们以《弟子规》为企业的行为准则，推行“中国式”的企业管理。在公司内，你能看到墙上随处挂着“建国君民，教学为先”“凡是人，皆须爱，天同覆，地同载”“格物、致知、诚意、正心、修身、齐家、治国、平天下”等书法作品。公司大厅的液晶欢迎屏幕里显示的是《弟子规》的经句，到处彰显着中国传统文化的气息。

据了解，公司在新员工入厂初期，发给他们《弟子规》等书籍，并有专门的培训老师讲课、辅导，公司还分批组织员工到安徽省庐江中华文化教育中心，结合文明礼仪、奉献爱心等实际内容进行《弟子规》的传统文化学习，教育员工存好心、说好话、行好事、做好人。

一个是中国的传统文化，一个是享誉全球的跨国公司，两者融合在一起，却是相安无事、相得益彰，从而培养了一支100%的本土员工和100%的本土管理团队。这不仅开了跨国公司管理模式本土化的先河，也为南京乃至全国现代企业管理提供了借鉴。

为什么中国传统文化在现代企业中能够如此得到弘扬，又深得民心呢?公司总裁李慕松是这样说的：“《弟子规》是我们祖宗5000年留下的价值观。和谐社会的基础和前提是和谐的家庭和身心和谐的个人，《弟子规》等传统文化强调学文化与学做人的统一，强调做到个人的心智和家庭和睦，它是顺着人性来引导人的，它能够使人欢心喜悦地来接受它的指导，所以有着这么大的影响力。从做人做事两方面看，《弟子规》不仅仅是家庭生活的指导，在企业里头也是指导。我们公司通过《弟子规》的学习，大家有茅塞顿开的感觉。从理论上该怎么指导自己，该怎么做人做事情，跟以前大不相同。”

作为企业老总，李慕松本人就以身作则，不断从《弟子规》中汲取营养。《弟子规》中说：“待婢仆，身贵端，虽贵端，慈而宽，势服人，心不然，理服人，方无言。”意思是说，对待家中的婢女与仆人，要注重自己的品行端正并以身作则，虽然品行端正很重要，但是仁慈宽大更可贵，如果仗势强逼别人服从，对方难免口服心不服。唯有以理服人，别人才会心悦诚服，没有怨言。李慕松悟道，从字面上看，这论述的是封建君主专制社会里的主仆关系，但实际上它广义上讲是指领导者与被领导者之间的一种人文关系。领导者处于一种领导的地位，就要求他必须有仁慈之心，不能因为自己是领导者，就可以对下属呼来唤去，甚至不把下属当人看。这样做就错了。

在接受某媒体采访时，李慕松指出：“企业的核心竞争力是员工，而现在好多企业都在讲，找不到合适的员工，跳槽向钱看，等等。关键的问题，还是一个对员工的社会责任问题。因为我们是一个外商投资企业，所以很多人有一些误解，认为社会责任仅仅是捐款捐物。我觉得外商投资企业的第一条首先应该保护自己的员工，如果一个企业连自己的员工都不能保护，奢谈什么社会责任的话，一定是别有用心、另有图谋的。我们是江苏省和谐劳动关系模范企业，我们不但关心员工的福利和员工的收入，我们更关心员工的成长和员工的道德以及他们未来的人生道路。

“中国传统文化给企业打开了一个通向未来的新的智慧之门。通过《弟子规》的学习，大家充分感念父母的养育之恩，国家的培育之恩，领导、老师的教育之情；感悟到了公司这个大家庭的温暖和真情，明白了助人、爱人是做人的本分。员工们学会了如何在工作中与人相处，与人交流，学会了听取不同的意见。在家孝顺老人，在外感恩社会，做人谦虚，乐于奉献，守信，和谐，如今已成了菲尼克斯每个职工的座右铭和为人处世的准则。”

企业的核心竞争力是员工，许多企业都说没有一支忠诚的队伍，找不到合适的员工，找不到合适的管理人员，跳槽向钱看，等等。关键还是一个道德教育问题。如果有了一支真正有道德的优秀员工队伍，那么企业一定会突飞猛进的。所谓经济伦理和企业文化决定了企业的存亡，也决定了企业领袖的更替。

中华传统文化之所以有这么大的影响，就是因为它是顺着人性，或者是顺着事物的本来规律来引导人的。就像《中庸》中所说的“率性之谓道”，就是顺着人的本性来引导人们，而不是逆人的本性去做，这个才是符合道的。当我们都能够想到别人有仁爱之心的时候，我们才能胸怀坦荡，自己俯仰无愧，才能做到君子坦荡荡，那么人际关系也才能和谐。

传统文化进入中国企业管理视野，代表着中国人正以5000年厚重而深邃的民族智慧振兴本民族的产业，这一行动具有划时代的意义！真正的中国式管理之路开始启动，它将决定中国企业未来的走向和命运。

## 第三节　企业文化的核心和误区

### 1. 核心：精神文化

企业文化是什么？企业文化有四个组成部分，请看企业文化结构图。

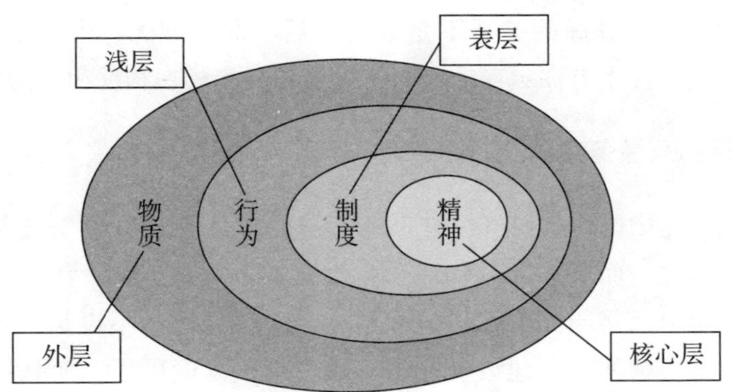


图 1.4 企业文化结构图

从图 1.4 可知：企业文化的核心层是精神文化，表层是制度文化，浅层是行为文化，外层是物质文化。本书无法从这四方面都展开论述，我化繁为简，将它一分为二：企业文化的核心层是精神文化，它是无形的，即务虚；企业文化外层是制度、行为、物质文化，包括公司所有的规章制度，员工行为规范要求，看得见的工装厂服形象标识以及公司的工资福利待遇等，它们都是有形的，即务实。

在企业培训中，很多学员会问我一个问题：企业管理，是该务虚，还是该务实？

光务虚肯定是愚弄员工，叫愚民政策，不可取；光务实却是误导员工，一切往钱看，结果是员工一味地跟公司谈价钱、讲条件，唯利是图，自私自利，叫误民政策。

因此，光务实也不可取。企业管理既要务实，也要务虚，两者缺一不可！根据“阴阳反成大道”思想，请看图 1.5。

图 1.5 务实与务虚

管理中务实与务虚的关系不是谁先谁后、谁有谁无，也不是谁大谁小；而是你中有我、我中有你、互动互补，也是相辅相成、相反相成的。

### 2. 误区：只懂务实

遗憾的是，中国市场经济经过30多年的发展，企业经营管理务实的部分一直没有松懈过，而务虚部分却几乎就没有被重视过。几十年前，我们是穷得叮当响，全力抓物质文明建设没有错；今天温饱已经不再是问题了，如果我们还不及时将精神文明建设补起来，就不仅仅是误民了，而是把自己都给误进去了。不重视务虚导致的管理困惑是：整个团队做起事来就是没态度、没状态！

先看没态度，这是很多企业的致命内伤。员工总是有这么想，反正为老板做，为公司做，为主管做，我是打一份工的，有活干我就干，没活干更好，反正工资少不了，做一天和尚敲一天钟；甚至出工不出力，就算出力也不用心，做起事来心不甘情不愿，整天跟老板搞内耗，还怪公司：谁叫公司不加工资……

再看没状态。什么是真正的状态？在部队，一位连长接到上级命令，要攻下六号高地，肯定会信心十足地告诉战士："兄弟们，今天我们一定要攻下六号高地！"这样，首先是士气鼓舞了大家。

可是，在企业里面，我们却经常看到这样的现象，销售部李经理本月销售目标达成200万元，而李经理连自己都没有信心，回到部门，面对下属的时候，他就会犹豫："今天接到上级指标，要我们本月达成目标200万元，伙伴们，我们能拿下来就拿，拿不下来就算了。"要是这样的士气，能达成目标吗，能打胜仗吗？很难。就算达成目标，也是侥幸。

有的主管更加过分，直接跟老板唱反调："老板站着说话不腰疼，200万元，他倒是说得轻松，也不管我们死活，伙伴们，我们能拿下来就拿，拿不下来就算了。"这样的主管，你怎能指望他带好部门？就更加别指望他能战胜困难完成更艰巨的任务了。

企业文化管理的误区主要体现在以下几点。

（1）企业文化政治化

在许多企业的走廊、办公室、各车间的墙上四处可见形形色色、措词铿锵的标语口号，如"团结""求实""拼搏""奉献"等。这些已经被滥用的词汇无法真实地反映该企业的价值取向、经营哲学、行为方式、管理风格，更遑论在全体员工中产生共鸣了。

（2）企业文化口号化

把企业文化等同于空洞的口号，缺乏企业的个性特色，连企业的决策者本身都说不清楚其所代表的具象表现，对员工自然无法起到强烈的凝聚作用。

（3）企业文化文体化

有的企业把企业文化看成是唱歌、跳舞、打球，于是纷纷建立舞厅，成立音乐队、球队，并规定每月活动的次数，把其作为企业文化建设的硬性指标来完成，这是对企业文化的文体化。

（4）企业文化表象化

有人认为，企业文化就是创造优美的企业环境，注重企业外观色彩的统一协调，花草树木的整齐茂盛，衣冠服饰的整洁大方，设备摆放的流线优美。但这种表面的繁荣并不能掩盖企业精神内核的苍白。

（5）企业文化僵化

有些企业片面强调井然有序的工作纪律、下级对上级的绝对服从，把对员工实行严格的军事化管理等同于企业文化建设，造成组织内部气氛紧张、沉闷，缺乏创造力、活力和凝聚力，这就把企业文化带到了僵化的误区。

（6）企业文化营销化

企业在建立自身企业文化时最容易犯的错误是建立一种对外的文化。这种文化更多地被当成营销的一种手段，企业文化实际上是目标、价值、信念和行为规范的综合，如果企业行为的基本核心和指导思想仅仅流于企业文化外表上的概念而忽略其核心价值，那么企业文化对企业没有丝毫的协助。

### 3. 在管理中要懂得务虚

在企业中，此类的管理困惑俯拾皆是，如何破解这些困惑？我们不妨看看前辈是怎么做、怎么说的。

在 2009 年 CCTV 中国经济十年十大商业领袖的颁奖庆典礼上，张瑞敏接受记者采访时说：“我在多年的企业管理中体会到，企业资产表中的有形资产都不能增值，真正能让资产增值的是人力资源这个无形资产。如果把人力变成资源而不是负债，企业一定会充满活力。凡是能够永续经营、充满活力的企业，都会注重发挥人的积极性，而发挥人的积极性，必须靠企业文化。”

在这段话中，张瑞敏所说的“企业文化”，指的是企业文化的核心层——精神文化，即务虚的部分。精神文化是任何一家企业的灵魂，它在企业管理中有多重要，从下面两个地方的故事便可见一斑。

第一个地方房子装修得豪华漂亮，电脑、电话等现代办公设备样样齐全，人们在里面穿戴整洁，忙忙碌碌辛勤工作，并一直在尝试着各种科学的管理……在这里，老板给员工发工资、奖金、福利，提供各种待遇……可是，我们却很少听到有人感激发工资的老板，感激带头的主管；这里的人们总是感觉自己做得多、拿得少；这里的人们总是有很多冲突和矛盾；这里的人们总是觉得苦恼和痛苦……这个地方就是我们每个人所处的公司。

第二个地方没有现代化的房子，没有现代化的装修，也从来不用去招工和招聘，可是来这里的人总是络绎不绝，而且来的时候还带着庄重、虔诚的感情，礼貌地行走，庄重地说话；这里也没有条件给人发工资和奖金，可是人们不但不索取钱财，还毫不犹豫地施舍钱财；这里也没有什么花样翻新的科学管理，可是人们还对这个地方顶礼膜拜……这个地方就是寺庙。

为什么这两者间会有如此大的差别呢？根本原因是人们的精神与信仰。

一代管理宗师彼得·德鲁克说过：“任何组织，如果没有共同的精神追求和信仰，就只能是一群乌合之众，工作就会变成一种折磨。所谓的科学管理，最多也是延缓死亡的‘安慰剂’。”

那么企业中的精神与信仰是什么？那就是企业的核心理念。核心理念是企业文化的灵魂，也是整个企业的灵魂，是企业中所有思想、行为、制度等的统帅和总纲领。

核心理念在管理中发挥着怎样的作用呢？众所周知，员工团队是靠核心团队来驱动的，核心团队即干部团队。那么核心团队又是靠什么来驱动？是钱吗？不是。经过长期对世界500强公司，特别是抽出了前18名的公司，再对照他们同期别的一般的公司，比较研究后，我从中发现：核心团队主要是为核心理念驱动，而不纯粹为利润目标驱动。这个结论颠覆了很多管理者内心深处根深蒂固的传统观念。

## 第四节　企业核心文化

企业核心文化包括三方面的内容：愿景、使命、价值观。

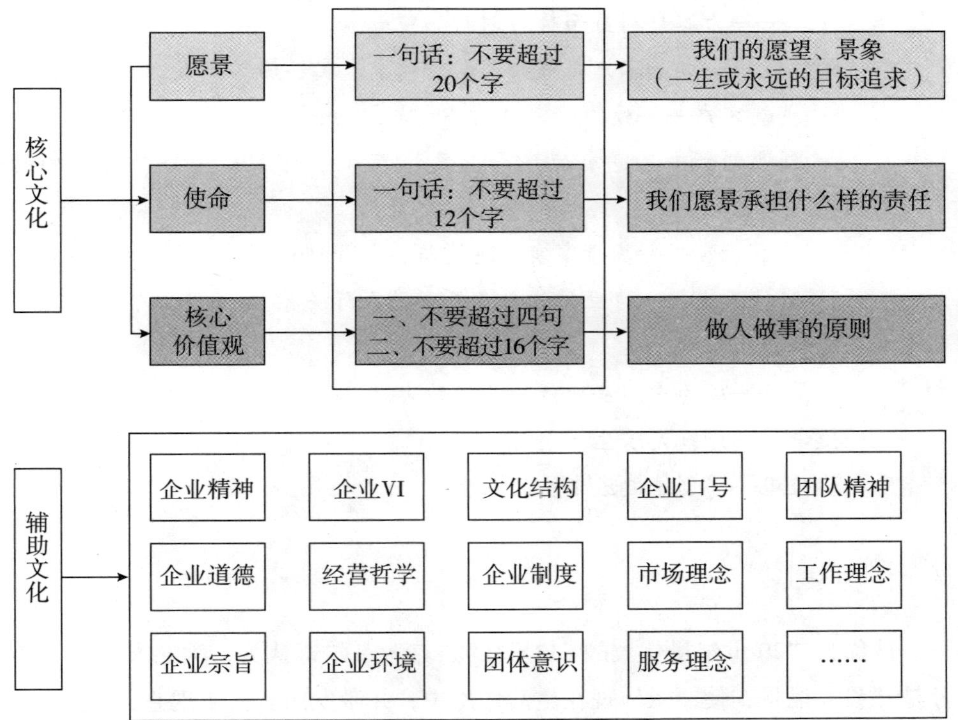


**图 1.6　企业文化构成**

企业愿景（做成什么样子，为什么做）是企业家的立场和信仰，是企业最高管理者头脑中的一种概念，是这些最高管理者对企业未来的设想，是对“我们代表什么”“我们希望成为怎样的企业”的持久性回答和承诺。

企业使命（为什么要做）是企业生产经营的哲学定位，也就是经营观念。企业确定的使命为企业确立了经营的基本指导思想、原则、方向、经营哲学等。使命是公司在赚钱之外存在的根本原因，不能和特定目标或者业务策略混为一谈。

核心价值观（底线、原则）是公司长盛不衰的根本信条，即少数几条一般的指导原则。核心价值观既是行为准则，也是判断标准。

比如，联想集团：

愿景——未来的联想应该是高科技的联想、服务的联想、国际化的联想。

使命——为客户利益而努力创新。

价值观——成就客户、创业创新、精准求实、诚信正直。

· 成就客户——致力于客户的满意与成功；

· 创业创新——追求速度和效率，专注于对客户和公司有影响的创新；

· 精准求实——基于事实的决策与业务管理；

· 诚信正直——建立信任与负责任的人际关系。

万科集团：

愿景——成为中国房地产行业领跑者。

使命——建筑无限生活。

价值观——创造健康丰盛的人生。

### 1. 愿景

被称为“20 世纪最伟大的 CEO”的杰克·韦尔奇认为，领导人的第一要务是“设立愿景，使愿景体现在生活作息中，并激发团队去实现它”。志同道合就靠它了，立意要高，谋略要远。事实上，很多伟大的企业家和政治家都善于利用共同愿景进行领导和管理。

麦当劳的愿景是控制全球食品服务业；比尔·盖茨的愿景是“使每一个人桌上都放置一台电脑”，亨利·福特的愿景是“使汽车大众化”，这些愿景都非常形象生动。

亨利·福特还进一步表达他的愿景：“我要为大众生产一种汽车……它的价格如此之低，不会有人因为薪水不高而无法拥有它，人们可以和家人一起在上帝赐予的广阔无垠的大自然里陶醉于快乐的时光……”

有人可能会说，现在一般都是企业在谈愿景，一个团队有必要谈愿景吗？其实，如果你把企业和团队都看成是“有机组织”，就会明白，对所有的“有机组织”而言，愿景对它们的重要性在原理上都是一样的。

所以，作为企业领导人，在和成员一起制订了共同的目标和路线后，还需要给团队树立一个共同的愿景，用以激发团队成员的内在驱动力，维持团队的持久战斗力。

在一定程度上，愿景就是理想。可以想象，如果一个人没有理想的话，这个人实际上就是一具行尸走肉，做什么都没有激情，没有动力。团队如果只有目标，没有愿景，也将会出现同样的现象。在一些团队里面，大家看上去每天都在忙忙碌碌，好像很敬业的样子。但如果最后考察一下他们的业绩，却发现乏善可陈，其付出与收获根本不成比例。这样的团队就是缺少愿景的团队。在这样的团队里面，人们的工作只是为了生存，而不是为了理想。一个只有生存、没有希望的团队里是没有丝毫战斗力可言的。

共同愿景的树立必须由个人目标汇集而成，借着个人目标的能量，才能汇集成强大的共同愿景。所以，要建立起团队的共同愿景，团队领导就必须持续不断地鼓励成员树立发展自己的个人目标。如果一个人没有自己的目标，他对共同愿景的态度就只会是附和、顺从，而不会产生内心真正的意愿。只有将团队强大的共同愿景转化为自己的个人目标，才能激励自己。诚如美国汉诺瓦保险公司的总经理欧白恩所说："我的愿景对你并不重要，唯有你的愿景才能够激励自己。"

当然，个人目标也要尊重组织的共同愿景，不能凌驾于组织的共同愿景之上，更不能破坏组织的共同愿景。松下幸之助是成功的共同愿景塑造者，他认为："只有先了解人性的尊严，'企业就是人'这句话才能成为事实……如果真能做到尊重个人自由，则人们就能进一步体会到自己是组织的一分子，就会有自己的判断和独立自主的意愿，员工就能体会到'我是组织的一员，组织的事业就是我个人的事业'，这样，必能形成一股强大的合力。"

**表 1.1　　知名公司的愿景**

| 公司 | 愿景 |
|---|---|
| 厦门缘鼎尚茶业 | 以茶载道，把中华传统文化传播到世界每个角落 |
| 河南头匠美业 | 美丽天下人 |
| 通用（GE） | 使世界更光明 |
| 福特 | 让汽车进入家庭 |
| 微软 | 实现每个家庭的桌上都有一台电脑，并由于使用微软的软件而功能卓越 |
| 迪斯尼 | 成为全球的超级娱乐公司 |

### 2. 使命

企业使命就是企业为什么存在的理由，就跟追问人为什么活着一样，就是哪怕是拼了命也要去干的事。这中间包含了企业经营的哲学定位、价值观凸现以及企业的形象定位：经营指导思想是什么？如何认识的事业？如何看待和评价市场、顾客、员工、伙伴和对手。

使命是公司除了赚钱之外存在的根本原因。一个有效的使命反映了人们对事业的重视程度——决定了他们的动机，而不仅仅是对产品和目标客户的一种描述。它抓住了公司的灵魂，它表述的是公司在利益之上存在的深层原因。

使命，它可以延续上百年，不应该将其和具体的目标、商业战略（在经营中可能不断变化）混为一谈。目标是即将实现、能够通过努力实现的规划，愿景是一幅前景，能够指引员工前进的理想。愿景有助于确定发展目标，发展目标为实现愿景服务。

尽管你可以达到一个目标或完成一项规划，但你不能完全实现自己的使命，使命就像指引方向的恒星，可以永恒地追寻，却永远不可能达到。尽管使命本身不会变化，却能激发改变。使命永远不能实现，意味着一个公司要完全投身于它的使命，就要永远刺激变革和进步。如表 1.2 所示。

**表 1.2　　知名公司的使命**

| 公司 | 使命 |
| --- | --- |
| 厦门缘鼎尚茶业 | 带动国人做良心食品（生产十二道、十二德茶） |
| 河南头匠美业 | 传播美与爱 |
| 3M | 用创新的方法解决未解决的问题 |
| 卡吉尔 | 改善全世界的生活水平 |
| 惠普 | 为了人类进步、人类福祉做出技术贡献 |
| 玫琳凯 | 为女性提供无限机会 |
| 麦肯锡 | 帮助领导公司和政府变得更加成功 |
| 默克 | 保护并改善人类生活 |
| 耐克 | 感受竞争、成功和挫败对手的激情 |
| 沃尔玛 | 让普通人有机会买到富人才买得起的东西 |
| 迪士尼 | 让人们快乐 |

核心使命的作用是引导和激励组织成员去实现一个又一个目标，完成一个又一个胜利。使命如果经过适当的构思，可以成为基础广泛、根本而长盛不衰的东西。优秀的使命可以常年指导和激励组织。

### 3. 企业价值观

核心价值观不是老板的“一言堂”，既不是最高领导者的一面之词，也不是哪一位专家提供的“金科玉律”，它一定来自于团队，而且是核心团队（即干部团队）。因为核心团队本身就是公司核心价值的典范——公司的遗传基因。

下面是知名公司核心价值观示例。

**表 1.3　　知名公司的核心价值观**

| 公司 | 核心价值观 |
| --- | --- |
| 四川成都双虎家私 | 诚信、质量、利他、感恩 |
| 德胜公司 | 诚实、勤劳、爱心、不走捷径 |
| 厦门缘鼎尚茶业 | 诚信、品质、爱心、感恩、利他 |
| 河南头匠美业 | 诚信、创新、爱心、不走捷径 |
| 亚明 | 诚信、质量 |
| IBM | 成就客户、创新为要、诚信负责 |
| 迪士尼 | “带给千百万人快乐”，并且歌颂、培育、传播“健全的美国价值观” |
| 3M | 宽容、创新、正直、质量 |
| 宝洁 | 诚实、尊重、创新、追求完美 |

核心价值观有以下特征。

第一，制定核心价值观，应抓住自己企业真正的东西，不是抓住其他知名企业价值观定位的东西，也不是外界认为是理念的东西。

第二，核心价值观是以企业的内在要素而存在，基本不受外在环境左右，也不是出于竞争需求，或者追求管理时尚。

第三，优秀公司不是在成功以后才拥有崇高的理想，才有自己的核心理念，而是在它们还处于草创时期，核心理念就已经制定了。

第四，核心价值观的灵魂在于“真实与诚实”——没有人工调料，没有添加剂，没有糖精，百分之百纯度的“真”。

第五，任何一家公司，最关键的不是它拥有什么样的核心价值观，而是它是否拥有自己的核心价值观。

# 第二章　组织机构

选择合适的人是企业进行人员管理的一项重要工作，也是企业能够持续发展的前提。企业选人的依据是职位描述和职位规范，只有依据这两项内容，才能将合适的人放在合适的位置上。而这两项内容的形成都要靠工作分析来完成。

## 第一节　组织理解

从广义上说，组织是指由诸多要素按照一定方式相互联系起来的系统。从狭义上说，组织就是指人们为实现一定的目标，互相协作结合而成的集体或团体，如党团组织、工会组织、企业、军事组织等。

狭义的组织专门指人群而言在现代社会生活中，组织是人们按照一定的目的、任务和形式编制起来的社会集团，组织不仅是社会的细胞、社会的基本单元，而且可以说是社会的基础。

### 1. 组织结构的理论

（1）传统的组织结构理论

传统的组织结构理论形成于 20 世纪 30 年代，代表人物有韦伯、泰勒、法约尔、穆尼和雷利等。理论依据是行政组织理论，强调组织的刚性结构，侧重于静态组织的研究，重视组织经济效率的协调。

传统的组织结构理论的主要观点包括：

①把组织看作一种由合法的管理权威进行计划和控制的机械性系统，把组织管理的重点放在组织内部，着重研究如何有效地利用已有的资源，提高生产效率，获得更高的利润。

②重视工作和制度，忽略人。

③把组织看作一种权责分配和制度管理的体系。重视基层操作，忽略高层战略。

④重视人的物质需求，忽略人的社会心理需求。

尽管传统的组织结构理论有很多缺点，但其仍成为发展现代组织结构理论和管理实现的基础。其中的许多观点，如分工与专业化原则、命令统一和控制幅度原则、严格制度管理及管理者个人权威等，至今仍可作为组织内部管理的原则和方法。

（2）行为组织结构理论

行为组织结构理论形成于 20 世纪 30—60 年代，主要代表人物有梅奥、马斯洛等。其偏重于对动态组织结构的研究，认为组织是一种心理的、社会的系统，重视组织结构中的人心理反应对组织结构的影响。

行为组织结构理论的主要内容包括：

①组织是心理与平衡的系统。

②组织是沟通与协调的系统。

③组织是具有影响力的系统。

④组织是人与物协调的系统。

⑤重视非正式组织的作用，非正式组织可以满足组织成员的心理需求。

该理论注意到人对组织的重要性，强调人的行为对组织内部行为过程的作用。由于过分强调人际关系和满足组织成员的社会心理需要，忽视了组织基本结构和权责关系，降低了专业化分工、统一指挥和规章制度的作用。所以，虽然工作效率比传统组织结构理论高，但这种效率的进一步提高受到限制。

（3）近代组织结构理论

近代组织结构理论形成于 20 世纪六七十年代，主要代表人物有巴纳德、西蒙、钱德勒、劳伦斯、马奇等。近代组织结构理论侧重于对组织与社会环境之间的相互关系的研究，强调应按企业面临的内外部条件而灵活地进行组织设计。近代组织结构理论的理论依据是权变管理理论。

近代组织结构理论的主要观点包括：

①组织是开放系统和整体系统。

②组织的权变观念，组织不是静态的，而是迎合变化而需不断调整和适应环境的。

③强调人是组织的中心，认为衡量组织经营不能单纯用利润指标，还须考虑人的心理需求是否得到满足，应使组织成员感到自己的存在价值和受到组织的尊重和信任。积极强化人的需求，又适当节制需求，推行贡献与报酬相平衡的原则。

④强调领导权威主要靠领导者个人的影响力，而不是靠行政命令；领导者的首要任务是搞好组织战略，培养和塑造组织成员共同的价值观。

（4）组织结构理论的区别

总之，传统组织结构理论是一种封闭式的系统理论，强调组织内部进行具有适应性、有效性的组织控制及建立明确的职权系统，强调结构分系统和管理分系统，是主张人迎合管理的管理理论。

行为组织结构理论是以人为本的理论，强调人的心理因素对组织结构的影响，主张培养个人价值意识，强调社会心理系统。

现代组织结构理论全面研究一切主要分系统及其相互关系，是一种开放的系统理论，强调组织对外部环境的适应性，以及对组织行为的活动过程的控制。

### 2. 组织构架

组织结构理论的应用就是组织架构。组织架构是指一个组织整体的结构，是在企业管理要求、管控定位、管理模式及业务特征等多因素影响下，在企业内部组织资源、搭建流程、开展业务、落实管理的基本要素。

比如，零售商李总为某品牌成都加盟商，现有直营店铺7家，其中，成都市区3家，华阳2家，双流2家；年销售额在1300万左右。

由于销售业绩逐年增长，品牌总部计划从2014年7月开始，把广汉、什邡经营权划归李总，计划在2014—2015年在广汉、什邡共开店4家，新店2015年销售额计划约为600万元。该零售商李总2014年的组织架构如下：

（1）成都市区主管跟随多年，非常熟悉店铺运作；

（2）华阳区区长上任半年，原来由店长提拔上来；

（3）双流区目前区长还没有人选，总管由李总代理，店铺六店长协助六、七两店行政方面管理工作；

(4) 商品由各区主管、区长自行调配，重点事项由李总统筹和总部对接。

目前，李总感觉压力很大，而市场将继续开发，但组织架构、人员如何增设，来保证2015年完成2150万元销售目标（2015年新店销售目标600万元）？

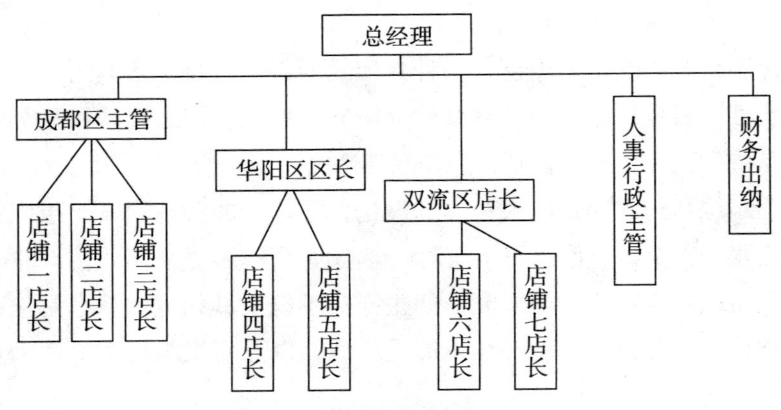


**图2.1 零售商组织构架设置**

从上面直线型组织架构的案例得知，组织架构要体现出以下几点：体现愿景；体现部门沟通的流程；体现隶属关系。在本案例中，李总的目标是2015年完成2150万元销售目标；在该组织机构中，总经理对下面成都区主管、华阳区主管、双流区店长、人事行政主管、财务出纳负责，通过上下级的隶属关系，进行沟通和管理。

## 第二节 组织结构设计

### 1. 组织结构的内容

在管理学上，组织结构的实质是一种职权——职责关系结构。一个健全的组织机构一般包括如下关系子系统。

(1) 决策子系统

决策子系统由组织的领导体系、各级决策机构及其决策者组成。各级决策机构和决策者是组织决策的核心。

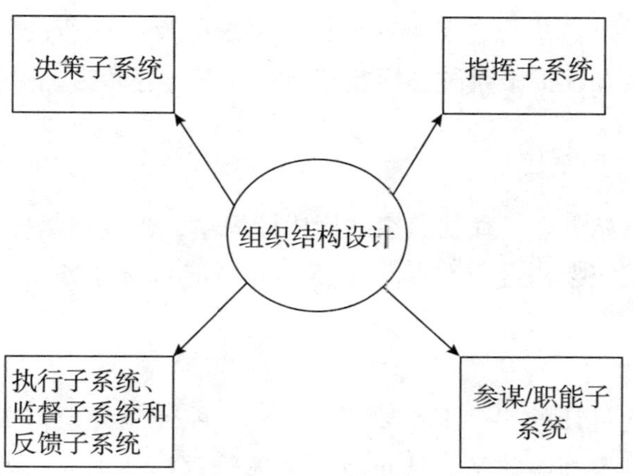


**图 2. 2　组织结构设计**

（2）指挥子系统

指挥子系统是组织活动的指令中心，在各职能单位或部门中，行政首脑与其成员组成垂直形态的系统。行政首脑的主要任务是实施决策机构的决定，负责指挥组织的各项活动，保证各项活动顺利而有效地进行。

指挥子系统的设计应从组织的实际出发，合理确定管理层次，并根据授权原则，把指挥权逐级下授，建立多层次、有权威的指挥系统，来行使对组织各项活动的统一指挥。

（3）参谋/职能子系统

参谋/职能子系统是参谋/职能部门组成的水平形态的系统。各参谋/职能部门是行政首脑的参谋/助手，分别负责某一方面的业务活动。

设计参谋/职能子系统，要根据实际需要，按照专业分工原则，设置必要的参谋/职能机构，并规定其职责范围和工作要求，以保证有效地开展各方面的管理工作。

（4）执行子系统、监督子系统和反馈子系统

决策中心决定组织的大政方针，指挥中心是实施计划的起点，而执行子系统、监督子系统和反馈子系统是使计划得以正确无误地推行的机构。

指挥中心发出指令，这个指令一方面通向执行机构，同时又发向监督机构，让其监督执行的情况。反馈机构通过对信息系统的处理，比较效果与指令的差距后，返回指挥中心。这样，指挥中心便可以根据情况发出新的指令。

执行机构必须确切无误地贯彻执行指挥中心的指令。为了保证这一点，

就应有监督机构监督执行情况，而反馈子系统是反映执行的效果。执行子系统、监督子系统和反馈子系统必须互相独立，不能合而为一。

### 2. 组织设计的程序

企业家一开始创业，往往组织结构比较简单，当企业需要进一步扩张时，必须对原有的组织架构进行改革，重新建立适应自身业务发展的组织结构和管理制度。

（1）明确方向

在组织结构设计的程序上，要明确方向，能使领导层形成强有力的统一意志并协调好各方利益关系，从企业的整体管理框架上对企业的资源进行有效的整合，逐步积累企业的核心竞争优势，并形成在重要业务方向上的突破。总之，要努力构建对企业各项业务发展起强大支撑作用和推动力的组织管理平台。

（2）组建一套科学的运作程序

对于公司开展的新项目，必须组建一套科学的运作程序，对事前、事中、事后都要做出科学的预测和判断，制订出相应的应急措施，以免造成不可挽回的损失。企业为了更好地发展，必须建立一套完善的组织架构来有效地执行决策，有计划地完成企业的既定目标。

（3）围绕工作本身来组织

创业者在组织结构设计时，应该尝试围绕工作本身来进行组织，打破围绕人来组织的旧习惯，通过企业组织来实现自己的管理决策和管理理念。

（4）组织架构设计不要求一步到位

决策者不必奢求一步到位，也不要期望建立一套能持久不衰的组织架构，因为企业的组织架构也需要根据企业的目标和发展阶段来进行调整，不可能一劳永逸。

设计企业组织架构时，创业者可以运用一些非常规的小技巧，例如多设置几个管理岗位，但并不安排人员，这样对员工有一种吸引力，会起到正面激励员工的作用。如把三级销售组织结构调整成五级，效果会非常明显。为防止官僚管理的出现，在管理体系完善之后还应重视简化企业的管理层工作。

### 3. 组织设计的原则

作为创业者，在组织设计时应该尊重以下原则。

（1）组织架构承接企业战略

企业的战略不同，所对应的组织架构的模式和职能也应该不同，在一定程度上体现了目标管理的组织架构。

（2）精简、高效原则

组织设计上，不要设很多部门。因为部门多了，所对应的经理阶层自然就多了，经理阶层多了，很多事情没有也就有了。当然也要考虑企业的现实和特殊情况。

（3）组织架构很好地响应市场和客户需求

创业者在进行组织架构设计时，一定要考虑如何才能更快地响应市场和客户的需求，组织内部分工明确，同时沟通协调信息传递顺畅及时，尽量避免多部门同时接触同一客户。

（4）组织架构考虑管理单位和内控的要求

对于这一点，要具体问题具体分析。比如中央企业要考虑《中央企业全面风险管理指引》的要求，上市公司要有完善的公司治理结构，银行要考虑《商业银行内部控制指引》等。

## 第三节 企业组织结构

企业组织结构主要分为以下几种类型：

### 1. 直线制

直线制是一种最早也是最简单的组织形式。它的特点是企业各级行政单位从上到下实行垂直领导，下属部门只接受一个上级的指令，各级主管负责人对所属单位的一切问题负责。

直线制组织结构的优点是：结构比较简单，责任分明，命令统一。缺点是：它要求行政负责人通晓多种知识和技能，亲自处理各种业务。这在业务比较复杂、企业规模比较大的情况下，把所有管理职能都集中到最高主管一人身上，显然是难以胜任的。因此，直线制只适用于规模较小、生产技术比较简单的企业，对生产技术和经营管理比较复杂的企业并不适宜。

直线制组织结构如图 2.3 所示。

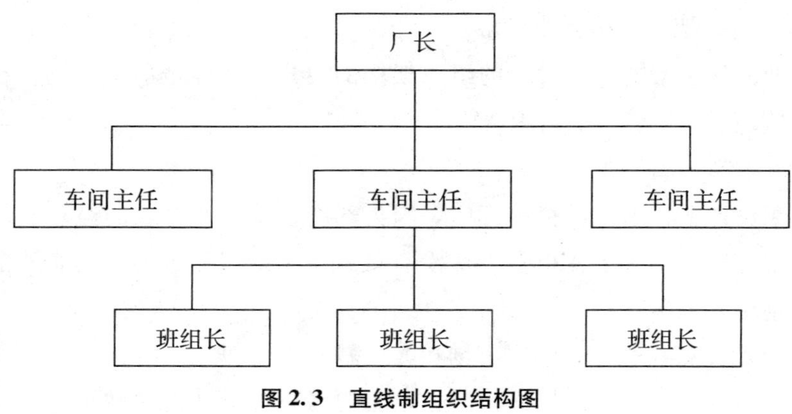


**图 2.3　直线制组织结构图**

### 2. 职能制

职能制组织结构，是各级行政单位除主管负责人外，还相应地设立一些职能机构。如在厂长下面设立职能机构和人员，协助厂长从事职能管理工作。这种结构要求行政主管把相应的管理职责和权力交给相关的职能机构，各职能机构就有权在自己业务范围内向下级行政单位发号施令。因此，下级行政负责人除了接受上级行政主管人指挥外，还必须接受上级各职能机构的领导。

职能制的优点是：能适应现代化工业企业生产技术比较复杂、管理工作比较精细的特点；能充分发挥职能机构的专业管理作用，减轻直线领导人员的工作负担。但缺点也很明显：它妨碍了必要的集中领导和统一指挥，形成了多头领导；不利于建立和健全各级行政负责人和职能科室的责任制，在中间管理层往往会出现“有功大家抢，有过大家推”的现象；另外，在上级行政领导和职能机构的指导和命令发生矛盾时，下级就无所适从，影响工作的正常进行，容易造成纪律松弛，生产管理秩序混乱。由于这种组织结构形式的明显缺陷，现代企业一般都不采用职能制。

职能制组织结构如图 2.4 所示。

### 3. 直线－职能制

直线－职能制，也叫生产区域制，或直线参谋制。它是在直线制和职能制的基础上，取长补短，吸取这两种形式的优点而建立起来的。目前，我们绝大多数企业都采用这种组织结构形式。

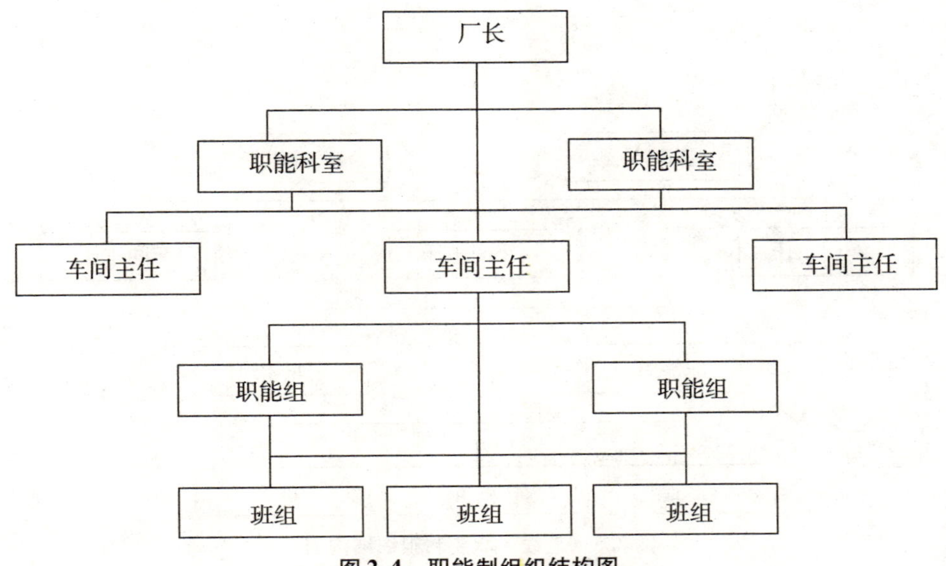


图 2.4　职能制组织结构图

这种组织结构形式是把企业管理机构和人员分为两类，一类是直线领导机构和人员，按命令统一原则对各级组织行使指挥权；另一类是职能机构和人员，按专业化原则，从事组织的各项职能管理工作。直线领导机构和人员在自己的职责范围内有一定的决定权和对所属下级的指挥权，并对自己部门的工作负全部责任。而职能机构和人员则是直线指挥人员的参谋，不能对直接部门发号施令，只能进行业务指导。

直线 - 职能制的优点是：既保证了企业管理体系的集中统一，又可以在各级行政负责人的领导下，充分发挥各专业管理机构的作用。其缺点是：职能部门之间的协作和配合性较差，职能部门的许多工作要直接向上层领导报告请示才能处理，这一方面加重了上层领导的工作负担，另一方面也造成办事效率低。为了克服这些缺点，可以设立各种综合委员会，或建立各种会议制度，以协调各方面的工作，起到沟通作用，帮助高层领导出谋划策。

直线 - 职能制组织结构如图 2.5 所示。

#### 4. 事业部制

事业部制最早是由美国通用汽车公司总裁斯隆于 1924 年提出的，故有“斯隆模型”之称，也叫“联邦分权化”，是一种高度（层）集权下的分权管理体制。它适用于规模庞大、品种繁多、技术复杂的大型企业，是国外较大

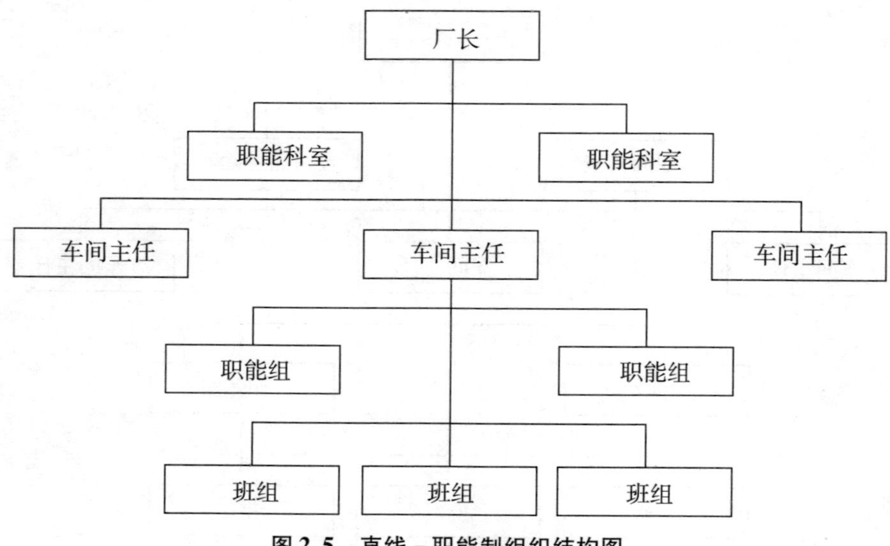


**图 2.5　直线－职能制组织结构图**

的联合公司所采用的一种组织形式。近几年我国一些大型企业集团或公司也引进了这种组织结构形式。

事业部制是分级管理、分级核算、自负盈亏的一种形式，即一个公司按地区或按产品类别分成若干个事业部，从产品的设计、原料采购、成本核算、产品制造，一直到产品销售，均由事业部及所属工厂负责，实行单独核算、独立经营，公司总部只保留人事决策、预算控制和监督大权，并通过利润等指标对事业部进行控制。也有的事业部只负责指挥和组织生产，不负责采购和销售，实行生产和供销分立，但这种事业部正在被产品事业部所取代。还有的事业部则按区域来划分。

事业部制组织结构如图 2.6 所示。

### 5. 矩阵制

在组织结构上，把既有按职能划分的垂直领导系统，又有按产品（项目）划分的横向领导关系的结构称为矩阵组织结构。

矩阵制组织是为了改进直线职能制横向联系差、缺乏弹性的缺点而形成的一种组织形式。它的特点表现在围绕某项专门任务成立跨职能部门的专门机构上，例如组成一个专门的产品（项目）小组去从事新产品开发工作，在研究、设计、试验、制造各个不同阶段，由有关部门派人参加，力图做到条

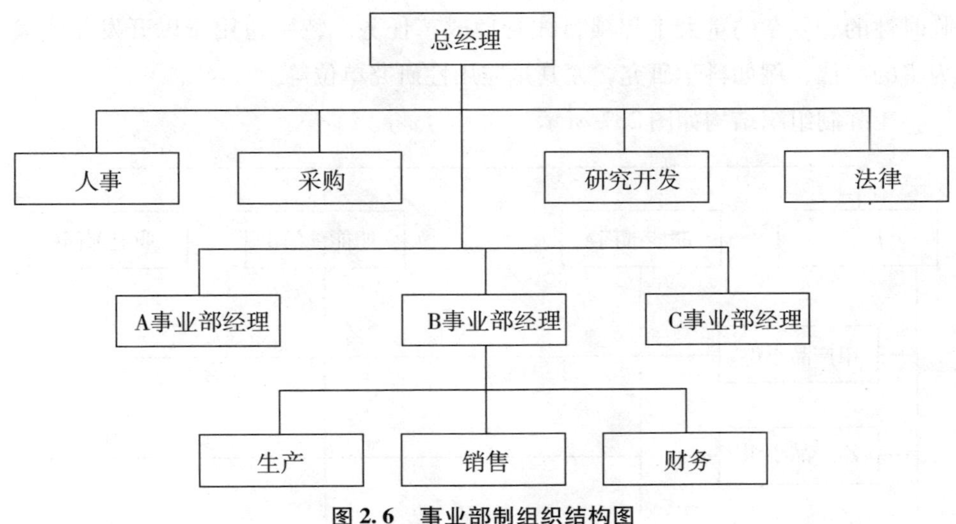


**图 2.6　事业部制组织结构图**

块结合，以协调有关部门的活动，保证任务的完成。

这种组织结构形式是固定的，人员却是变动的，需要谁，谁就来，任务完成后就可以离开。项目小组和负责人也是临时组织和委任的。任务完成后就解散，有关人员回原单位工作。因此，这种组织结构非常适用于横向协作和攻关项目。

矩阵制组织结构的优点是：机动、灵活，可随项目的开发与结束进行组织或解散；由于这种结构是根据项目组织的，任务清楚，目的明确，各方面有专长的人都是有备而来，因此在新的工作小组里，小组成员能沟通、融合，能把自己的工作同整体工作联系在一起，为攻克难关、解决问题而献计献策，由于从各方面抽调来的人员有信任感、荣誉感，使他们增加了责任感，激发了工作热情，促进了项目的实现；它还加强了不同部门之间的配合和信息交流，克服了直线制职能结构中各部门互相脱节的现象。

矩阵制组织结构的缺点是：项目负责人的责任大于权力，因为参加项目的人员都来自不同部门，隶属关系仍在原单位，只是为“会战”而来，所以项目负责人对他们管理困难，没有足够的激励手段与惩治手段，这种人员上的双重管理是矩阵结构的先天缺陷；由于项目组成人员来自各个职能部门，当任务完成以后，仍要回原单位，因而容易产生临时观念，对工作有一定影响。

矩阵制组织结构适用于一些重大攻关项目。企业可用来完成涉及面广的、临时性的、复杂的重大工程项目或管理改革任务。特别适用于以开发与实验为主的单位，例如科学研究，尤其是应用性研究单位等。

矩阵制组织结构如图 2.7 所示。

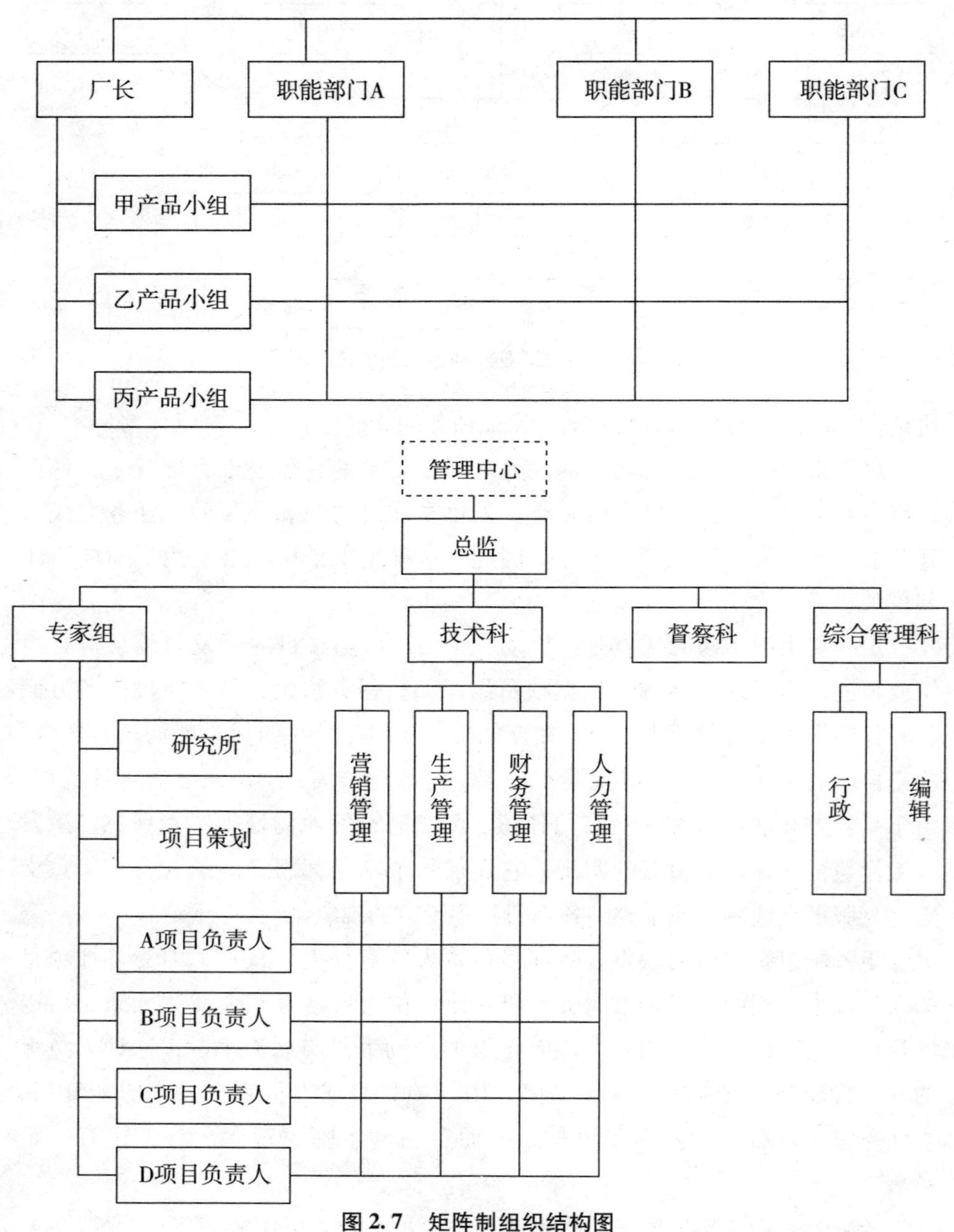


**图 2.7　矩阵制组织结构图**

# 第三章　目标设定

世界上大部分人都在平庸中度过一生，他们上班应付工作，回家上网、看电视。他们既没有目标，也没有计划，更没有尝过成功的滋味，不知成就感为何物。你是他们中的一员吗？你甘愿过这样的生活吗？如果你的答案是否定的，那么就学着给自己确定目标并制订行动计划吧！

## 第一节　目标战略

### 1. 目标的作用

不能统一人的思想，但可以统一人的目标，千万不要相信你能统一人的思想，那是不可能的。30% 的人永远不可能相信你，不要让你的同事为你干活，而让他们为我们的共同目标干活。

团结在一个共同的目标下，要比团结在一个人周围容易得多。

所谓目标，就是希望达到的未来状态，即指你想要完成的事，它可能很庞大或很渺小，也许是未来，或许就在今天。

有一个古老的故事，故事的内容是：有人问三个在工作时的石匠们在做什么？

第一个石匠说："我在混口饭吃。"第二个石匠一边敲打石块，一边回答："我在做全国最好的石匠活。"第三个石匠眼中闪烁着智慧说："我在建造一所大教堂。"

三个石匠尽管干着相同的活，但内心的想法不同、目标不同。目标指导行动，三个不同目标的石匠最终产生的结果也不一样，如果只是混口饭吃，可能最后连饭都吃不饱，所以一个人必须要有明确的目标。

本田公司的创始人本田宗一郎1906年出生于日本静冈县，1922年离开家乡来到东京，进入一家汽车修理厂当学徒。他非常勤奋，没多久就成了一名优秀的修理工。1928年，本田宗一郎开办了一家自己的汽车修理厂，经营得非常成功，但这并不是他所追求的目标。1934年，他关闭了汽车修理厂，同时成立了东海精密机械公司，主要生产活塞环，并为丰田汽车供货，但这仍然不是本田宗一郎的最终目标。

本田宗一郎在年轻的时候，虽然一无所有，但有一个雄心勃勃的梦想，他给自己定下了一个目标，那就是要跻身世界最大汽车制造商的行列。

开办汽车修理厂和生产活塞环都只是为了实现这个远大目标所做的铺垫。因此，在1945年，他将蒸蒸日上的东海精密机械公司卖给了丰田公司，并于1946年创建了今天的本田技术研究所，开始研发、生产摩托车。

现在，本田宗一郎的这一目标已经实现。在全球小轿车市场，本田的产销量和市场份额与日俱增，和通用、福特、丰田、戴姆勒－克莱斯勒共同跻身于全球最著名的汽车销售商之列。

根据上述案例你认为目标有哪些作用?

目标给人的行为设定明确的方向，使人充分了解自己每一个行为所产生的效果；

目标使自己知道什么是最重要的事情，有助于合理安排时间；

目标能清晰地评估每一个行为的进展，正面检讨每一个行为的效率；

目标能预先看到结果，稳定心情，从而产生持续的信心、热情与动力。

为什么许多企业及个人不愿意设定目标

第一，不了解目标的重要性，从小没有人教导我们什么是目标，更不知道为什么要设定目标。

第二，不知道如何设定目标，我们的学校教育从来没有教导我们如何设定目标，如何去达成目标。

第三，因为害怕被别人拒绝，假如我们不设定目标，我们就不会被别人批评、嘲笑，我们可以免除害怕被拒绝的恐怖。

第四，害怕自己会失败，一般成年人在生活上失败的最大原因就是对失败的恐惧感。总以为我不能，我可能会损失钱财、浪费时间。

### 2. 目标的分类

依对象区分、依功能区分、依价值区分、依性质区分，将目标分成不同的类型。

（1）依对象区分

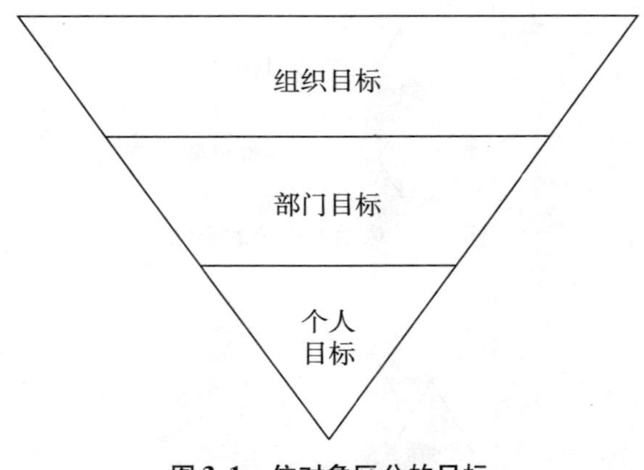


**图 3.1　依对象区分的目标**

所谓组织目标，是完成使命和组织宗旨的载体，是随着环境、时间以及条件变化不断调整的一张“列车时刻表”，是组织争取达到的一种未来状态，它是开展各项组织活动的依据和动力。每一个社会组织都有自己预期的目的或结果，它代表着一个组织的方向和未来。对组织来说，宗旨是共同目标；对组织成员来说，共同目标是组织阶段需要到达的目的地。

对部门目标的理解：每一年的开始，企业要进行整年度工作计划，那么企业中的每一个部门、部门里的每一个人都少不了给自己制订一个年度工作计划。

制订个人目标，给人的行为设定明确的方向，可使人充分了解自己每一个行为的目的；使自己知道什么是最重要的事情，有助于合理安排时间，迫使自己未雨绸缪，把握今天；使人能清晰地评估每一个行为的进展，正面检讨每一个行为的效率；使人能把重点从工作本身转移到工作成果上来；使人在没有得到结果之前，就能“看”到结果，从而产生持续的信心、热情与动力。

（2）依功能区分

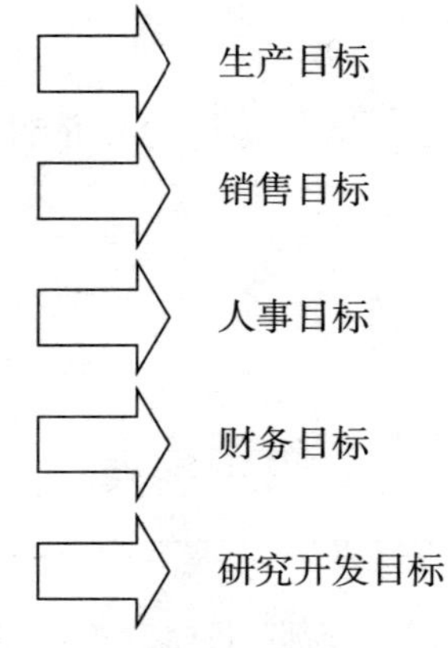


**图 3.2　依功能区分的目标**

（3）依价值区分

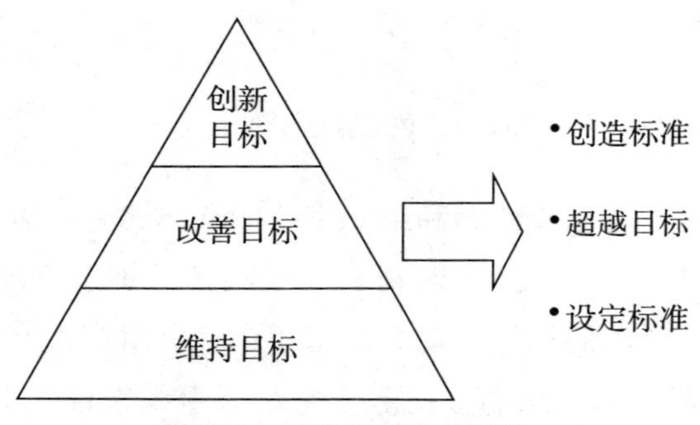


**图 3.3　依价值区分的目标**

（4）依性质区分

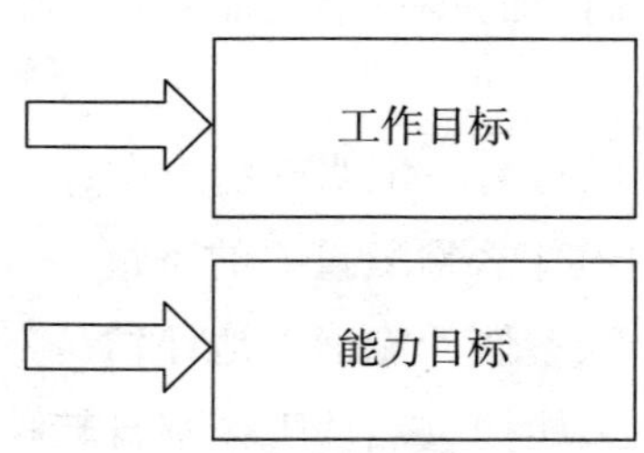


**图 3.4　依性质区分的目标**

### 3. 目标管理

目标管理就是把团队领导人的工作，由控制下属成员，变成与下属一起设定客观的标准和目标，让他们靠自己的积极性去完成工作的一种方法。

目标管理的具体做法可以分三个阶段：第一阶段为目标的设置；第二阶段为实现目标过程的管理；第三阶段为测定与评价所取得的成果。

底线目标→冲刺目标→挑战目标

进行目标管理的流程如图 3.5 所示。

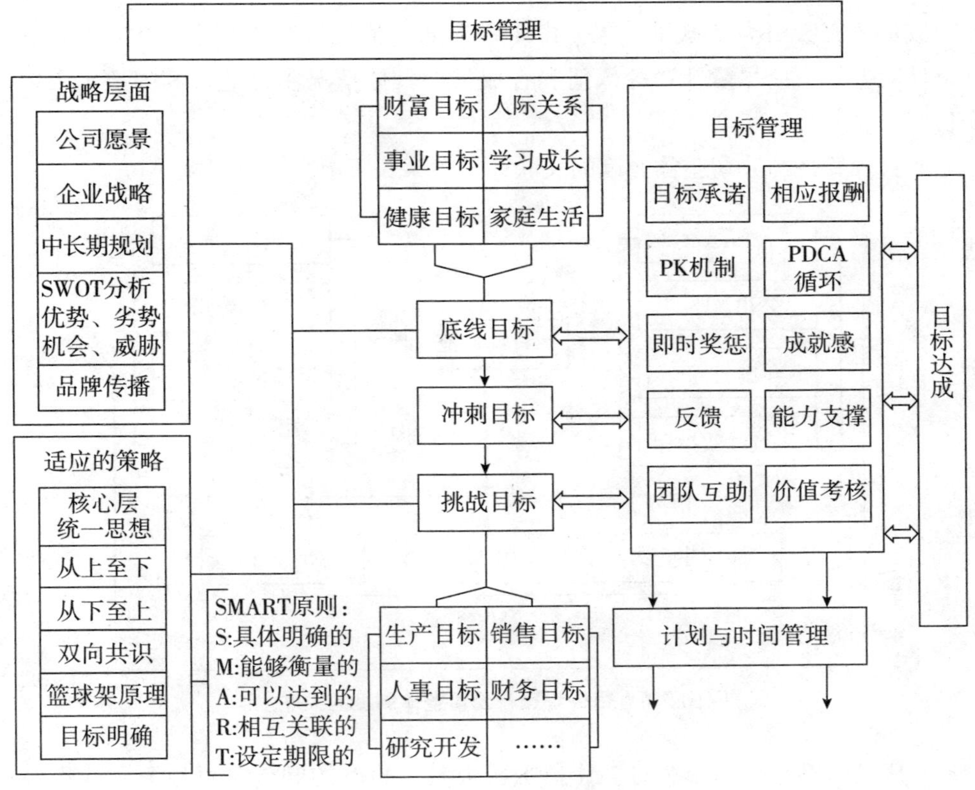


**图 3.5 目标管理的流程图**

目标的设置，要坚持“人－事”相结合的原则，科学地制订目标。整个企业制订一年和一段时期的战略目标，各部门制订本部门的策略目标，每个员工也要制订各自的任务目标。

在这个目标体系的制定过程中，应该做到：目标既有可行性，又有挑战性。目标的制订必须从实际情况出发，对人力、物力、财力和环境状况做出精确的判断。合理的目标应该既有可行性，又有挑战性。高不可攀的目标会令人望而生畏、丧失信心；唾手可得的目标又会令人扫兴，降低目标的激励作用。

所以，合理的目标应该是“跳一跳，摘得到”的，即经过努力可以实现的。用公式表示，具有激励作用的目标应是：现有能力 + 有待发挥的潜力 = 目标的实现。

目标应适合组织成员的需要。目标的激励作用来自获得即可满足的功能特征，而满足需要的前提是适合需要，只有适合组织成员需要的目标，对组织成员才有吸引力和激励效果。由于各人的价值观、需要、能力和外部客观条件的差异，应尽量针对各部门和各成员的具体情况制订适合其需要的不同目标。

目标管理与公司整体制度的关联，如图 3.6 所示。

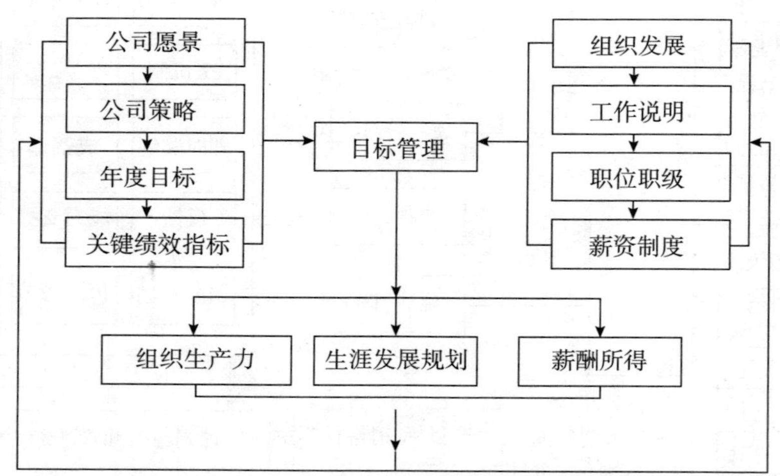


**图 3.6　目标管理与公司整体制度的关联**

让员工参与目标的制订。让员工积极参与目标的制定是目标激励获得成功的先决条件之一。员工通过参与制订目标、承诺目标，会感到自己为达到组织总目标而身负责任，这种责任感会使人们以极大的热情投入工作。

### 4. 目标战略关键因素分析

所谓目标战略关键因素分析（SWOT），如图 3.7 所示。

| 内部因素 \ 外部因素 | S：优势Strengths | W：劣势Weaknesses |
|---|---|---|
| O：机会Opportunities | SO：发挥优势抓紧机会 | WO：利用机会克服问题 |
| T：威胁Threats | ST：利用优势规避风险 | WT：减少弱点回避威胁 |

**图 3.7　目标战略关键因素分析（SWOT）**

优势（S），是组织机构的内部因素，具体包括：有利的竞争态势；充足的财政来源；良好的企业形象；技术力量；规模经济；产品质量；市场份额；成本优势；广告攻势；等等。

劣势（W），也是组织机构的内部因素，具体包括：设备老化；管理混乱；缺少关键技术；研究开发落后；资金短缺；经营不善；产品积压；竞争力差；等等。

机会（O），是组织机构的外部因素，具体包括：新产品；新市场；新需求；外国市场壁垒解除；竞争对手失误；等等。

威胁（T），也是组织机构的外部因素，具体包括：新的竞争对手；替代产品增多；市场紧缩；行业政策变化；经济衰退；客户偏好改变；突发事件；等等。

SWOT 方法的优点在于考虑问题全面，是一种系统思维，而且可以把对问题的“诊断”和“开处方”紧密结合在一起，条理清楚，便于检验。

## 第二节　目标制订

### 1. 总目标的制订

我们都知道，企业有了目标才有发展的方向和动力，但是目标的确定不能是盲目的，不切实际的目标会把一个企业拉入死亡的境地。所以，对企业的领导者来说，设定正确的目标非常重要。

“巨人集团”的后期，就是因为目标太不切实际而把史玉柱一手打造的“巨人”给拉跨了。那几年，“巨人集团”一直在一片“大跃进”的气氛中成长。

1994 年，“巨人”的年产值不到 10 亿元人民币，史玉柱却要求 1995 年产值要达到 50 亿元人民币，1996 年跃过百亿大关。这样的高速度，只有在中国 20 世纪 50 年代末的“大跃进”时代听说过，可是史玉柱这个“大跃进”之后出生的人却要求在 20 世纪 90 年代再来一次“大跃进”。

而巨人大厦的兴建，又加速了“巨人”倒下的速度。

1992 年公司决定建巨人大厦时计划盖 19 层，后来改为 38 层，但由于种种原因最后竟定为 72 层，而巨人集团 1992 年可用于大厦建设的资金连十分之一还不到。由于 1994 年年底到 1995 年上半年是巨人效益最好的时候，公司认为没有银行贷款也可顺利建成大厦。在公司错误的形势估计下，巨人集团没有去银行申请贷款，而当 1993 年下半年他们想去贷时，全国宏观调控开始了。

直到 1996 年 5 月，史玉柱依然根据此法来建造大厦，他把各子公司交来的毛利 2570 万元人民币净留下的 850 万元资金全部投入了巨人大厦。当时，全国保健品市场普遍下滑，巨人也受到了很大的影响。

更不巧的是，巨人大厦正巧建在三条断裂带上，为解决断裂带的积水问题，大厦多投入了 3000 万元。期间，珠海还发生过两次水灾，整个工期耽误 10 个月。1996 年 9 月 11 日，巨人大厦终于完成了地下室工程。同年 11 月，相当于三层楼高的首层大堂完成。此后，大厦即将以每五天一层的速度进入建设的快速增长期，但是，此时的史玉柱已经没钱了。

为了保证巨人大厦的施工进程，巨人集团不断地想办法往里投钱，最后终于导致了公司的破产。

就是这些“大跃进”模式的猛冲猛打、冒险冒进的做法，将一个“巨人”推倒了。

一个企业要想长久地发展，就不能搞“大跃进”，不切实际的目标是达不成的。企业的发展应该稳扎稳打，不能在势头好的时候就想一口吃个胖子，否则非但吃不成胖子，反而会把自己噎死。

（1）目标思考的出发点

目标思考的出发点主要从五个方面来考量，如表3.1所示。

表3.1　目标思考的出发点

| 目标思考导向 | 目标思考的出发点 |
| --- | --- |
| 问题导向 | 看得见的问题、待发掘的问题、未来性的问题 |
| 顾客导向 | 从顾客需求分析、从市场趋势分析 |
| 竞争导向 | 目前竞争情势分析、如何创造竞争优势 |
| 愿景导向 | 从公司整体利益思考、从未来愿景方向思考 |
| 成长导向 | 检讨自我能力瓶颈、思考自我生涯发展 |

（2）设定目标的途径

年度目标由上而下依部门分别展开，如表3.2所示。

表3.2　年度目标表

| 年度目标 | 重点项目 | 部门 | | | | | | | | | |
| --- | --- | --- | --- | --- | --- | --- | --- | --- | --- | --- | --- |
| | | A | B | C | D | E | F | G | H | I | J |
| | | | | | | | | | | | |
| | | | | | | | | | | | |
| | | | | | | | | | | | |
| | | | | | | | | | | | |
| | | | | | | | | | | | |

（3）目标设定要上下同欲

怎样让员工的想法和企业的想法融合在一起？前提是满足员工的需求。员工都有什么需求？也就是说，员工最关心什么问题？

第一，企业未来是什么样？企业的愿景要大家共同去规划，达成一致，最起码，员工应该知道企业三年或者五年后会发展成什么样子。

第二，如何实现企业目标？每个员工都是企业大家庭当中的一分子，需要心连心、手牵手达成目标，达成愿景。

第三，期望员工如何做？

第四，员工在实现目标的过程中扮演何种角色？

第五，员工喜欢什么样的企业氛围？

第六，员工的自我实现需求是什么？

如果这几个需求都考虑到了，就要找出切入点不断固化，不断灌输。最终员工就会形成习惯，习惯从某种意义来讲就是文化的一种表现。

如图 3. 8 所示。

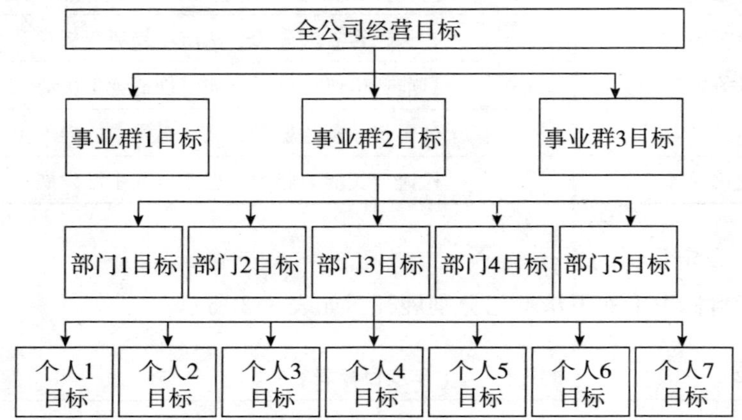


**图 3. 8　全公司经营目标**

（4）设定目标的 SMART 原则

所谓 SMART 原则，即：

S：具体明确的；

M：能够衡量的；

A：可以达到的；

R：相互关联的；

T：设定期限的。

①具体明确的原则（Specific）

- WHAT　　重点项目
- WHY　　为什么做
- WHEN　　何时完成
- WHO　　谁来负责
- WHERE　　在哪里做
- HOW　　如何做
- HOW MUCH　　做多少

②能够衡量的原则（Measurable）

运用数字加以量化：营业额、利润、费用、成本；期限、次数、天数、速度；良品率、不良率、回收率。将不易衡量的对象予以量化：客户满意度、员工士气、公司形象；利用流程展开的步骤，衡量各阶段的检核点。

③可以达到的原则（Achievable）

依照本身的能力条件；依据内外部可用资源；依据市场发展的情势；区分阶段，按步实施。

④相互关联的原则（Relevant）

公司、部门、个人目标相结；由上而下设定目标；由外而内设定目标；由大而小设定目标；目标彼此不冲突；可运用系统图法展开目标。

⑤设定期限的原则（Time Bound）

设定目标达成的期限；在目标执行过程，设定中间检核；强调行动速度与反应时间；依不同期间设定阶段性目标（年度、月份、周别、每日目标）。

### 2. 目标的进一步分解和落实

联想创始人柳传志说过："做企业就是筑大坝，撒上一层土夯实，再撒上一层土再夯实。目标太高了，我们就把土垒成台阶，一台阶一台阶往上走。"他的这两句话，其实是对分解目标的生动解释。

现实中，我们经常能看到一部分企业的领导者，他们给自己制订了很不错的目标，为了实现目标，他们激情满怀地去奋斗。但是后来他们在没有实现目标的情况下，纷纷放弃。之所以会这样，并不是因为他们没有毅力，也不是因为他们没有成功的强烈欲望，而是因为他们没有学会把目标有效分解。

作为管理者，要善用系统图法展开目标，如图 3.9 所示。

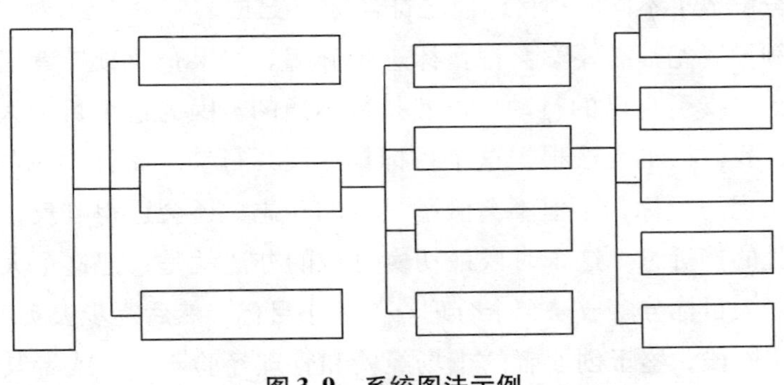

图 3.9　系统图法示例

很多事实证明，整体目标的实现离不开目标的有效分解。

1952 年 7 月的一天，加利福尼亚海岸附近的卡塔林纳岛上，一个 30 多岁的女人跳入太平洋中，奋力向加州海岸游去。她叫费罗伦丝，想要成为第一个游过这个海峡的人。如果成功了，她将创造这一纪录。

雾很大，海水冻得费罗伦丝身体发麻，可是她能够坚持。当她在海水中游了 15 个小时之后，她实在是有点坚持不下去了，决定放弃，她叫人拉她上船。在船上陪同的人告诉她距离海岸已经非常近了，叫她再坚持一下。她朝加州海岸望去，除了雾什么也看不见。她感觉岸肯定还在很远的地方，船上的人肯定在骗她。结果，尽管大家一再向她保证很快就要成功了，但是费罗伦丝还是因为看不到希望而放弃努力。她被拉上船后得知，此地离加州海岸确实只有半英里！费罗伦丝非常后悔，她事后反思说："如果当时我能看到海岸，我肯定会坚持下来。"

两个月后，费罗伦丝再次尝试横渡海峡。这次她采取了新方案：把整个过程分成几个小阶段，设置标志物。每遇到一个标志物，她就会告诉自己已经完成了多少，还需要多少才能完成。通过这个新办法，费罗伦丝顺利完成了她横渡海峡的壮举。

费罗伦丝第一次挑战的失败，是由于目标太宏大，到最后缺乏持续的动力去完成它。而她第二次挑战的成功，是因为合理地拆分了目标，在挑战过程中不断获得成就感，一步一步地实现了伟大的目标。

做企业也是这样。如果企业能够很好地将经营目标进行分解，它的成功概率就会变大。凡是运转良好的企业，都有一个非常显著的特点，那就是它们的员工能很好地执行公司的战略。而之所以能顺利执行，就是因为公司把整体目标分解成了不同的小目标使之符合每个员工。

企业领导者尤其需要学会把目标进行分解。如果企业领导者用一个十分伟大的目标去指引自己的行动，显然是行不通的。因为这个目标太大，并且不够具体，我们根本无法根据这个目标具体展开行动。而且，一个庞大的看起来不能实现的目标，不但不会激励员工的斗志，还会适得其反，让他们产生无法获胜的挫折感。这个时候最切实可行的办法就是，把这个大目标进行合理分解。大目标分解成一个个合理有效的小目标，然后逐步去实现。

在起步阶段，鉴于创业者的市场经验和管理经验不足，或者其他方面的因素，公司能否活下去是首要的问题。创业者在没有解决这个问题之前，考虑长远的目标为时过早。每一个优秀的创业者在这个时候最先做的就是把活下来的目标尽量细化，然后以最快的速度去实施。相反，如果一个创业者不能率先考虑生存的问题，而是强调如何实现宏大的战略，结果只能是公司无法生存。

几年前，成都的一所高校食品科学系的6名研究生自筹资金20万元开了一家“六味面馆”。之所以选择这个项目，用他们自己的话说，是因为开面馆本小、利薄、消费量大，最适合初次创业的人。

第一家店未开张时，这六个股东就已经把目标瞄向了5年之后，说到未来的打算，他们异口同声地说：“当然是开分店啦！今年先把第一家店搞好，积累经验，再谈发展。我们准备两年内在成都开20家连锁店，到时候跟肯德基、麦当劳较量较量。”

结果这家店仅仅经营了4个多月，就不得不草草关门。他们创业失败的原因有以下几点：第一，生意不红火，管理上也出现混乱，6位研究生称功课繁忙，店堂内经常无人管理；第二，据附近店家反映，这家店的面“味道不好，分量不足，吃不饱。”并且这家面馆所在的街道不是繁华商业市区；第三，这家店每月支出庞大，入不敷出。

这几个研究生的创业目标很远大，甚至想要跟世界著名企业肯德基和麦当劳较量。很多初次创业的人都像他们一样，有着很宏伟的梦想，这种梦想当然值得鼓励。但是，这些创业者没有意识到在创业初期公司的生存是最先考虑的问题。这些研究生没有弄清楚他们的店应该如何生存，如何把开店的经验进行总结，如何改善面的品质，而是想着如何实现更大的目标。这就是没有把目标进行合理分解的典型体现，没有合理的分解目标直接导致他们在具体经营这家店的时候，缺乏有效措施和管理手段，最终导致失败。

不少创业者认为，他们从事的创业活动只是做一些简单的买卖，自己也没有太大的目标，那么就没必要进行目标分解了。其实不然。创业是一项复杂的活动，里面没有小事。即便是创业者只是为了实现一个小目标而奋斗，也要把这个目标尽量量化。比如，设定今天该做什么，明天该做什么，等等。创业者只有这样做，其创业活动才有针对性，创业才比较容易成功。

不少创业者本身知道目标分解的重要性，他们在创业的时候，会制订年计划、月计划、周计划之类的小目标。但是他们依然不能成功，为什么呢？原因就在于他们的计划看起来很完美，但是依然不够详细，不够切实有效。这就造成了他们制订了这些计划之后不能有效执行，结果导致创业不成功。

创业者的宏大目标需要被一步一步地细化，先把年计划分解成月计划，再把月计划分解成周计划，周计划还得进一步分解，分解成每一天需要做什么。分解的原则是，一定要保证各级目标切实可行，保证最终的目标顺利实现。

目标细化只是一个基础，最重要的是创业者要按照这些既定目标前进。人是情绪化的动物，情绪来临的时候，很可能并不遵守既定的目标。这就要求创业者，在把目标进行细化之后，要不断检视自己前进的步伐，注意自己是否在既定的轨道上前进。创业者要分析自己的工作中，哪些是有效工作？哪些是无效工作？如果自己做了无效的工作，那么是自己没做到位，还是方法不对，一定要弄清楚这中间到底是什么原因。如果创业者能够在细化目标的前提下，能够随时检视自己的行动，保证自己一步步实现既定的小目标，那么他一定会获得最后的成功。

### 3. 目标分解流程

（1）寻找你的人生终极目标

有近期、中期目标的人不少（比如考研究生、结婚、买房、买车等），但是有清晰的人生终极目标的人却不多。人生终极目标就是人生的最终定位，人们往往不愿对此深究，主要基于两个原因：人生终极目标太远，世事变化难料，过早确定似乎意义不大。人生变幻，生活漂泊，人生终极目标怎么说得清楚。其实，你可以换一种思路来思考你的终极目标。

假如不会失败，你想要一个什么样的人生？你想要一个什么样的事业和家庭？你想拥有什么样的财富？你想成为一个什么样的人？尽情地去做梦，每一个人都有做梦的权利。把梦想写下来，就变成了你的目标，就变成了你人生的导航。

不要以你现在的条件来设定目标。比如，我现在没有钱，我现在知识不够，我现在没有人际关系，我怎么达成目标？而是考虑你想要什么条件，从你的人生的终点往回设想。你 60 岁以后，在人生的六大领域，即事业、财富、家庭生活、学习成长、人际关系、健康休闲方面，你的梦想是什么？

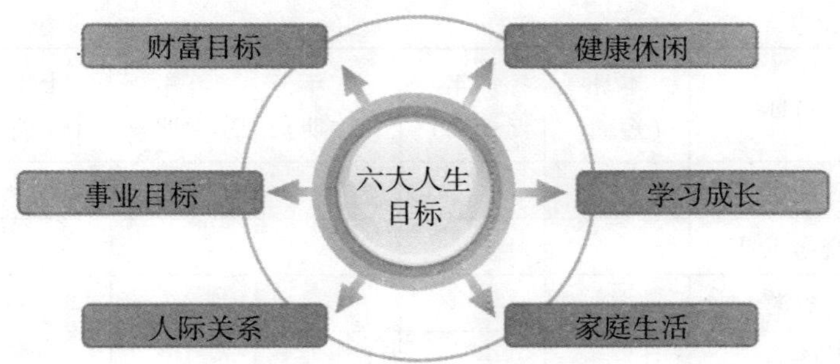


**图 3.10　六大人生目标**

（2）填写岗位说明书

职业化员工在企业中所担任工作职务的自我认知，使你能够认其职，通其道，尽其责。

（3）填写公司战略与年度目标

公司战略与目标是公司所有成员一切行为的导航塔，是公司全体员工整年工作努力的方向，目标与规划也是员工一切行为效率的开始，表现个人目标与企业目标一致性和兼容性。

（4）填写你的人生战略目标表

从你的终极目标（60 岁以后）往回设想，制订你的远期目标（10 年）、中期目标（5 年）和近期目标（1 ~ 3 年）。每个阶段你希望达成什么结果，把它们逐一写下来。

人生战略目标如表 3.3 所示。

**表 3.3　人生战略目标表**

| 序号 | 目标 | 本月（短期） | 一年（短期） | 三年（中期） | 五年（中期） | 十年（长期） | 梦想 |
|---|---|---|---|---|---|---|---|
| 1 | 薪水 | | | | | | |
| 2 | 职位 | | | | | | |
| 3 | 人生价值体现 | | | | | | |
| 4 | 存款 | | | | | | |
| 5 | 资产 | | | | | | |
| 6 | 学历/成长 | | | | | | |

续 表

| 序号 | 目标 | 本月（短期） | 一年（短期） | 三年（中期） | 五年（中期） | 十年（长期） | 梦想 |
|---|---|---|---|---|---|---|---|
| 7 | 住房 | | | | | | |
| 8 | 交通工具 | | | | | | |
| 9 | 旅游 | | | | | | |
| 10 | 作品 | | | | | | |
| 11 | 奖项 | | | | | | |
| 12 | 人脉社交 | | | | | | |
| 13 | 社会声望 | | | | | | |
| 14 | 家庭 | | | | | | |
| 15 | 身体 | | | | | | |

（5）填写你的本年度目标表

从近期目标中把本年度的事业（工作）目标填入表中，找方法措施，提前规划时间。对于其他领域的目标也要提前规划、提前安排，当下倡导高效工作、平衡生活，除了事业工作，也要让自己和谐快乐。

（6）填写月目标表

把年度目标和工作计划再继续分解到每个月，每个月底针对本月目标进行总结：本月目标完成情况；未完成目标的原因和障碍；克服障碍的对策和方法；本月创新与收获。

（7）填写你的周目标表

按优先级别列出本周事项，明确完成时限。

（8）把周目标分解到每一天

明确每天你做什么，要达到什么结果，日清日新，保证完成。

（9）撰写每年、每月和每周总结

找到差距，反省改进，继续规划下周目标。

生涯规划系统的剥洋葱图如图 3. 11 所示。

四条重要建议：前一天晚上设定明日目标；上周五前设定下周目标；上月 30 日前设定下月目标；上年度 11 月 30 日前设定明年目标。一年 365 天，天天目标评估，反省改进，日积月累，没有完成不了的目标。

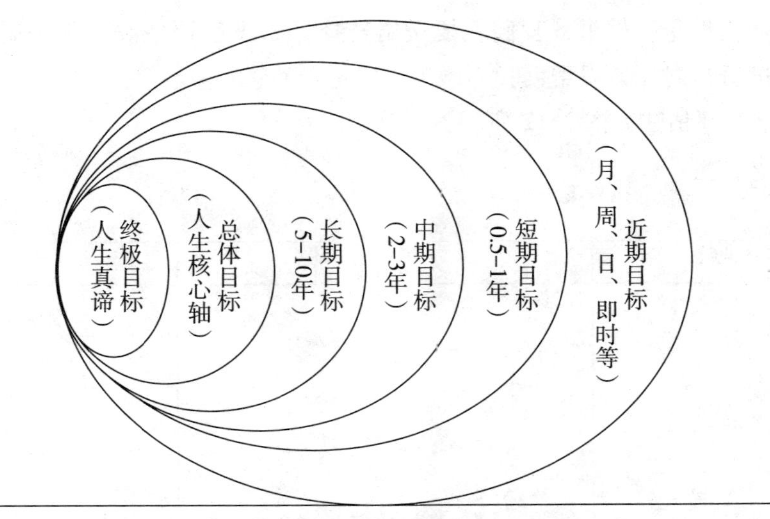


图 3.11　生涯规划系统的剥洋葱图

## 第三节　目标实施

### 1. 评估你的目标

（1）这个目标是你必须达到的吗

评估你的目标，对每一个目标扪心自问：

这真是我的目标吗？我真的热切希望实现它吗？这个目标是否有违良心？对其相关者公平吗？是否损人利己？它与其他目标有矛盾和冲突吗？我是否乐意全身心地投入？能否想象达到这个目标的情景？

以上问题的答案都必须是肯定的，否则目标即需要修正甚至删除。然后接着自问：

达到这个目标会使我更快乐吗？达到这个目标会使我更健康吗？达到这个目标会使我更富足吗？达到这个目标会使我交到更多的朋友吗？达到这个目标会使我内心祥和吗？达到这个目标会使我有安全感吗？达到这个目标会使我和别人相处得更愉快吗？

如果以上七个问题的答案皆为否定，那么该目标即应重新考虑。

（2）T 字型评估法

在日常生活中，有许多值得我们追求的东西，但我们并没有那么多的时间和资源去做每一件事，我们就要做出选择，而 T 字评估法，正是用于多个案的深度分析对比，以帮助我们做出正确选择的工具。

T 字型评估法如图 3.12 所示：

A方案

| 缺点 | 优点 |
|---|---|
| 1. | 1. |
| 2. | 2. |
| 3. | 3. |
| 4. | 4. |
| 5. | 5. |

B方案

| 缺点 | 优点 |
|---|---|
| 1. | 1. |
| 2. | 2. |
| 3. | 3. |
| 4. | 4. |
| 5. | 5. |

**图 3.12　T 字型评估法**

例如：选择对象 A 还是 B，是换工作还是努力工作……都可以使用 T 字型评估法。

取舍抉择的原则：两害相权，取其轻；两利相权，取其重。或许两案无好坏之分，这时应问自己：我到底想要什么？我的价值取向是什么？什么是第一重要的事？若仍无答案，就应提醒自己是否有最好的选择。

### 2. 如何实现目标

（1）热切的期待和强烈的企图心

问自己："真的很希望得到吗?"强烈的愿望是人类一切活动的原动力。欲望越强，决心越大。

（2）目标必须明确可衡量

只有明确而具体的目标才可衡量，而只有可衡量的目标才可能达到；否则只是空话而已。

（3）把目标写下来

当你在书写时，你的思维活动在记忆中产生一种不可磨灭的印象，它告诉你的潜意识：这是真的。我不相信我的记忆，我只相信我的笔记。

（4）为什么要实现这个目标

问自己："为什么要实现这个目标?"明确实现这个目标的理由、好处和意义，并写下来。理由或好处越多越好。这样做，有助于发现、认识目标的必要性和重要性，从而增加实现目标的紧迫感，获得强大的驱动力。

（5）制定实现目标的期限

没有期限，就没有目标，就永远达不到成功的彼岸。期限可以衡量目标的进展，激发向目标不断前进的动力。

（6）分析你的起点

没有理想，就没有前进的方向；没有起始点，就无从规划自己的航程。有了地图和指南针仍然会无可奈何地迷失方向，只有当你明确知道自己现在所处的位置时，地图和指南针才能发挥作用。问自己以下问题，并写下来，与你的目标进行对比，找到差距。

我究竟有什么才干和天赋？我的主要优势是什么？我最明显的缺点和劣势是什么？我曾有过怎样的成功记录？我所处的时代和环境会给我带来什么机遇？我与什么人往来？与之合作我想得什么结果？我的知识和技能是否跟得上时代的脚步？

（7）确认实现目标的障碍

人不是为了痛苦而活着，是为了幸福才活着，然而痛苦却伴随着人生。确认障碍，是为了有备无患、从容不迫。同时要记住：障碍是来帮助我们学习成长的，而不是来阻碍我们的。达成目标的过程其实就是克服障碍的过程。

（8）确认达成目标需要的知识和技能

生命不息，学习不止，完善自己，做充分的准备。

（9）确认对实现目标有帮助的人和团体

调动一切可以调动的力量和因素来帮助自己实现目标。

（10）制定实现目标的措施并找出解决障碍的方法

对关键性障碍应找到不低于五个解决方案，其他每个障碍都要找出解决方法。

（11）制订实现目标的计划

一旦确定目标及实现目标的方法，你就要制定每年、每月、每周，甚至每天的计划。记注：往往计划比目标还要重要。

（12）马上行动，现在就做

没有行动，再好的计划也只是白日梦。不要拖延，不要说“以后”，立即就做，现在就做。

（13）将目标视觉化

想象目标完成后的感觉，让自己沉浸在美好的快乐中。在内心勾勒一幅明晰的人生蓝图，从而产生实现目标的动力和克服障碍的决心。

### 3. 自我监督、自我检查、自我控制

（1）自我检查

我是否难以说清一天里干了些什么？我是否碰到了一个无法再拖延的问题？我是否做了实际上不需要做的事？我是否常常越权处理？我是否往往对某些任务要花费更多的时间？我是否难以按时赴约？我是否经常会忘记接下去准备做的事？

自我检查通常会用到以下四个表单：

**表 3.4　　执行事项清单**

| 日期 | | 今天主要目标 | |
|---|---|---|---|
| 次序 | 事项 | 所需时间 | 什么时候处理 |
| | | | |
| 今天要务 | | | |
| | | | |

**表 3.5　　每日工作计划表**　　年____月____日

| 本日工作达成目标 | | | |
|---|---|---|---|
| 1. | | | |
| 2. | | | |
| 3. | | | |
| 4. | | | |
| 5. | | | |
| 为达成目标所需履行的工作 | 优先次序 | 所需时间 | 是否完成 |
| | | | |

表 3.6　　每日活动记录表

姓名________　________年________月________日

| 活动 | 起止时间 | 使用时间 | 计划/中途插进 | 重要及紧急性 | 评语 |
| --- | --- | --- | --- | --- | --- |
| | | | | | |
| | | | | | |
| | | | | | |
| | | | | | |
| | | | | | |
| | | | | | |

表 3.7　　时间清单　　年____月____日

| 紧急及重要性 | 主要活动 | 使用的时间 | 占总时间的百分比 |
| --- | --- | --- | --- |
| 1 | | | |
| 2 | | | |
| 3 | | | |
| 4 | | | |

（2）自我监督

检查是目标实施最重要的工作。比如，如果高考不考历史地理，你还会去认真学习历史地理吗？答案是不会。不管怎么强调历史地理有多重要，我想也难以激起你的积极性，同样也无法引起老师的重视。考试制度在管理上就相当于我们的检查系统。所以，你希望部下做什么，就要随时对他进行检查和监督。

不少人认为，只要我努力去做了，即使没有完成目标，也问心无愧。下面这句就是天大的谎言："我不敢保证结果如何，但我一定尽力而为，哪怕结果不一定好，但我一定要做到问心无愧。"这就是对自己缺乏监督。

既然制订了目标，就要无条件地完成。在企业里面，光靠上层的监督是不够的，还需要做好自我监督。

18 世纪末期，英国政府决定把犯了罪的英国人统统发配到澳洲去。一些私人船主承包从英国往澳洲大规模地运送犯人的工作。

最初，英国政府实行的办法是以上船的犯人数支付船主费用。当时那些运送犯人的船只大多是由一些很破旧的货船改装的，船上设备简陋，没有什么医疗药品，更没有医生，船主为了牟取暴利，尽可能地多装人，导致船上条件十分恶劣。

一旦船只离开了岸，船主按人数拿到了政府的钱，对于这些人能否能够远涉重洋活着到达澳洲就不管不问了。有些船主为了降低费用，甚至故意断水断食。3 年以后，英国政府发现：运往澳洲的犯人在船上的死亡率达 12%，其中情况最严重的一艘船上的 424 个犯人死了 158 个，死亡率高达 37%。

对此，英国政府采取每一艘船上都派一名政府官员监督，再派一名医生负责犯人的医疗卫生，同时对犯人在船上的生活标准做了硬性的规定。但是，死亡率不仅没有降下来，有的船上的监督官员和医生竟然也不明不白地死了。原来一些船主为了贪图暴利而贿赂官员，官员不肯就范即被扔到大海里喂鱼了。政府支出了监督费用，却照常死人。

政府又采取新办法，把船主都召集起来进行教育培训，教育他们要珍惜生命，要理解到澳洲去开发是为了英国的长远大计，不要把金钱看得比生命还重要。但是，情况依然没有好转，犯人死亡率仍然居高不下。

一位英国议员认为，那些私人船主钻了制度的空子，而制度的缺陷在于政府给予船主报酬是以上船人数来计算的。他提出从改变制度开始：政府以到澳洲上岸的人数为准计算报酬，不管在英国上船多少人，到了澳洲上岸的时候再清点人数支付报酬。问题就此迎刃而解。船主主动请医生跟船，在船上准备药品，改善犯人的生活，尽可能地让每一个上船的人都健康地抵达澳洲。一个犯人就意味着一份收入。自从实行上岸计数的办法以后，犯人的死亡率降至 1% 以下。有些运载几百人的船只经过几个月的航行竟然没有一人死亡。

可见，如果能够有效地自我监督，就可以及时全面地了解个人履行职责的具体情况，准确分析其犯错误的原因，就能够研究出完善的补救措施与管理手段，做到“亡羊补牢，犹未迟矣”，使得一切事务都处于自己的控制中。

某连锁经营品牌公司为了加强对下属全国连锁店的监督管控，总部决定开展大巡查。在还没有开始行动前，总部的高管们就开始担心了。

“各个店长都很聪明，公司做检查时是一个样，在不做检查时又是另外一个样。就算耗费大量的人力物力在全国突击检查，他们都会串通起来做表面文章，还是白费劲！”

在我的建议下，公司成立了稽查小组，小组成员由总部高管和抽调个别店长组成，定期到各店检查。稽查组的每个成员都带有一份表格，记录每一家店的事实和数据，根据计算方法自动生成分数，对发现的问题当场进行纠正，然后由店长签字表示确认。稽查组还要把一线员工的问题带回来，然后依照公司的奖惩机制做出奖罚，并在例会上对发生问题的店面店长进行通报批评。

这样做收效很明显，但是一段时间后就产生了新问题。一是这么多店，耗时耗力耗费太多，成本过高；二是检查时好，不检查时又变回老样子。为了解决这一问题，改定期检查为随时检查。稽查组只有在出发时才知道要去检查哪个店，随机性和临时性都很强。

店长们立刻紧张起来了，于是各店纷纷自发成立了自检小组。自检小组才是公司真正想要的检查系统。于是，公司对此大加鼓励，并让各店将每周的自检报告提交总部。如果哪家店一直做得好，公司对其实施免检（当然是相对的）。

因此，检查是有成本的，最好的检查就是自检。

### 4. 确保目标完成必须有奖惩

驯兽场上，一名驯兽师正在训练一头黑熊跟着她一起跳绳，她跳熊也跳，她落熊也落。相信大家都会为黑熊的表演而喝彩。我们很难想象，作为低等动物的黑熊，它是根本无法用言语和人沟通的，为什么能够在训练师的指引下做出那么多高难度的动作呢？

这样的奇迹是如何造就的？驯兽师被称为“动物的魔术师”，他们在训练黑熊时，经常会用夸奖、抚摸、事物奖励等办法，用他们的职业术语来讲就是“正激励训练法”——以积极的鼓励、奖励为主来训练黑熊。

心理学家还做过这样一个试验，将幼儿园的儿童分成 AB 两组。A 组儿童无论做了什么事，老师都会找出优点称赞他们；对B组儿童，老师的态度相反，无论他们做了什么事，老师都会找出缺点来批评他们。经过一段时间后，A组儿童无论在智力、个人自理能力等方面都比B组的儿童胜出一筹。

事实上，早在几十年前，哈佛大学著名的心理学家斯金纳教授就发现，如果一种行为获得了积极的回馈，那么我们就会重复这种行为；如果一种行为产生了消极的后果，甚至会受到惩罚，那么我们就会减少这种行为。这种现象在我们生活中也无处不在。

张经理叫小王助理帮忙把茶杯洗一下，交代完之后，张经理就忙公司事务去了，忙得忘记督促检查一下小王是否执行了。第二天一上班，当张经理拿起茶杯准备喝水时，一看，茶杯完全没洗过。张经理很生气，就把小王叫了过来骂了一通，小王说："经理，昨天有一个重要客户过来，我一直在忙着接待，把你这事给忘了，对不起。"小王又是羞愧又是委屈。难道真忙得连洗个茶杯也没空吗？其实不是，这个现象就是我们在上面论述过的，人们不会做你希望的事，只会做你要检查的事。张经理心想，既然是自己忘了督促，也就没有深究，小事情就算了。

又有一天，张经理还是交代小王把茶杯帮忙洗一下。这次张经理没有忘记，忙碌中也要中途探下脑袋去看看杯子洗了没有。结果都到中午了，杯子还是没有洗。张经理再次生气，把小王找了过来，小王反倒叫板了："经理，我在赶着把你的计划书整理完毕今天下班前交给你，要是今天给不到你，你也无法向公司交差呀，那个杯子你洗一下不就完事了吗？"张经理听完恼火得气不打一处来。

从该案例可以得出一个结论：有时下属也不会做你检查的事，只会做你要奖罚的事。如果当张经理第二次交代小王洗杯子的时候，说："小王，帮忙今天把杯子洗一下，要是午餐前我看到没有洗，今天部门同事的午餐你请客哦（半开玩笑）。"试想一下，小王是否会把这件事惦记在心里？肯定会。

综上所述，我们需要将这句话补充完整如此：人们不会做你希望的事，只会做你要检查的事；有时下属也不会做你要检查的事，只会做你要奖罚的事。

# 第四节　目标时间管理

谈论效率时，时间的问题是不能不谈的话题，因为效率在狭义上说就是节约时间，增加产出。

### 1. 有效管理时间的方法

（1）磨刀不误砍柴工

一个年轻人在树林里用锯子锯着木头，路人经过，说："小伙子，你的锯已经不锋利了，为何不停下来磨一磨呢?"年轻人回答："我没时间，我还得锯大树呢!"

（2）垃圾时间黄金化

"我真的很想好好充实、提高自己，可是我的时间不够用"——诸如此类，正是不会珍惜时间的人给自己寻找的最愚蠢，也是最站不住脚的理由。时间从哪里来？智者告诉我们，时间是挤出来的。只要你有心，掌握好"排"时间和"偷"时间的窍门，你就可以从容地支配时间，不致成为时间的奴隶。

（3）注重自己的黄金工作时间

在高效完成工作时，也要注意一天中各个时间段的状态，如图 3. 13 所示。

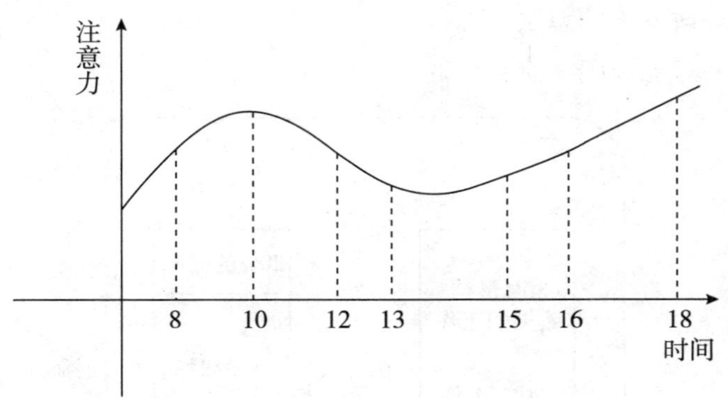


**图 3. 13　各时段工作状态图**

为了能保持最佳的工作状态，能工作得更久，我们还是用心研究下如何给自己制订休息计划吧。

大脑需要休息，你的身体同样需要休息。很多白领到了公司后就像一颗钉子，扎进自己的椅子里一坐就是一天。颈椎问题、键盘手、妇科问题等一系列问题的出现都归罪于长期保持坐姿。

在一个小时的静坐后，起身活动下筋骨，帮助肩颈做一些伸展，这种廉价的健康运动比去健身馆练习几个小时的瑜伽管用多了。最适合办公室放松的运动是深呼吸，只须闭上眼睛，用鼻子深吸气，然后从嘴吐气。这样做三四次，能让人平静下来。离开电脑屏幕，找个靠近绿色植物的地方，为大脑注入一些负离子，这绝对有益于增加脑细胞活性。

还有一些常见的休息方式：让眼睛适时眺望一下远处，缓解视疲劳；在午休时间睡 20 分钟，为下午的工作做好准备；去楼下吃午餐，饭后在室外散散步，呼吸下新鲜空气；找一首减压的歌曲，在工作强度太大时听一听，给紧张的神经松松绑；感冒的时候不要强迫自己去工作；等等。只要你真重视健康，你一定会找到合适的休息方式。

聪明人知道如何利用休息维护健康，再用健康的身体实现长期的工作效率。

### 2. 时间管理十条金律

金律一：要和你的价值观相吻合。

金律二：设立明确的目标。

金律三：改变你的想法。

金律四：遵循 20/80 原则。

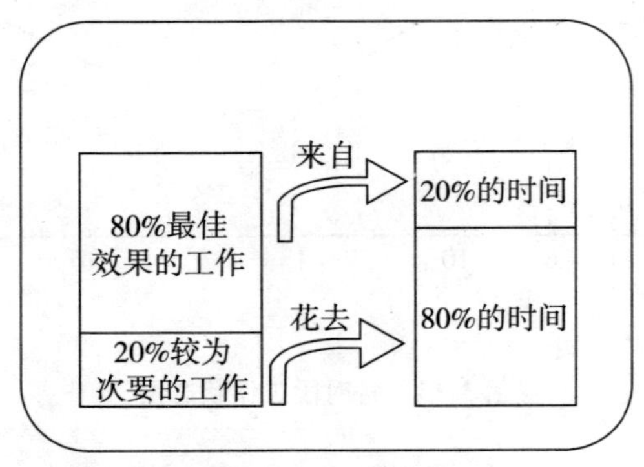


**图 3.14　20/80 原则**

金律五：安排“不被干扰”时间。

金律六：严格规定完成期限。

金律七：做好时间日志。

金律八：学会列清单。

金律九：同一类的事情最好一次把它做完。

金律十：每 1 分钟每 1 秒做最有效率的事情。

### 3. 时间管理的工具

麦肯锡公司曾经得到过一次沉痛的教训：该公司曾经为一家重要的大客户做咨询，咨询结束的时候，客户并没有决定与麦肯锡合作。凑巧的是，项目负责人在电梯间里又遇见了对方的董事长，这位董事长随即向项目负责人提问，希望他能再说说他们的咨询意见。在电梯从 30 层到 1 层的几十秒钟，这位负责人并没能给这位董事长提出清晰的意见。最终，麦肯锡失去了这一重要客户。

此后，麦肯锡要求公司员工凡事要在最短的时间内把结果表达清楚，凡事要直奔主题、直奔结果。麦肯锡认为，一般情况下人们最多记得住一二三，记不住四五六，所以凡事要归纳在 3 条以内。这就是如今在商界流传甚广的“30 秒钟电梯理论”或称“电梯演讲”。谁又能想到 30 秒就能决定一个客户的选择呢？麦肯锡让我们看到了高效管理时间的极致，即便只有 1 秒钟，也能有无限的机会。

时间管理的要诀是选择策略性目标，在工作时只做能有助于向目标迈进的事。目标决定一切。当你明确了自己希望获得的成果时，你就掌握了对工作的选择标准。按照事件对于完成目标的作用分级，一件件去完成。必须强调的是，你必须从最重要的事情开始，解决完第一件再去考虑第二件。

工作中想要提升效率，充分节约时间就是绝对不要去处理你能力外办不到的事情。选择你能力范围内可胜任的工作，然后全力以赴，成本效益相对亦会提高。但问题是面对办不到而又被上司委任的工作该怎么办？其实，你可以主动出击，不要被动地“等死”。如果你能力确实不及，而这工作也确实不在你的职责范围内，那么不要害怕说“NO”。

对于高效管理时间的法则，我认为有以下几点：

①撰写每日、每周需完成的工作事项，看看能力范围内哪些工作是可行的；

②将工作以重要性次序排列及处理，成果先行，先做成本效益最佳的工作；

③每日更新工作项目，定期检讨工作效率及目标，使计划能按部就班地完成；

④要做的便马上去做，勿为自己找寻借口以延迟进度；

⑤量力而为，估计自己究竟要用多久时间才能完成一份工作，以及是否需要其他人的帮忙。

（1）第二象限工作法的应用

要根据第二象限工作法安排工作计划和工作目标，把所有工作按四象限分类。

对于第四象限即不紧急、不重要的工作，要坚持尽可能不做的原则。对于第三象限紧急、不重要的处理方法：坚持第二象限的工作；做好工作的计划和授权；确定时间管理的游戏规则。

（2）合理利用时间

设定优先次序，可将事情区分为五类：

A 类：必须做的事情；

B 类：应该做的事情；

C 类：量力而为的事情；

D 类：可以委托别人去做的事情；

E 类：应该删除的事情。

最好大部分的时间都在做 A 类及 B 类的事。忘掉过去种种，而努力于未来。专注于目前的机会，努力去把握，真正的成功本身就是一种态度。最重要的就是做好以结果为导向的目标管理，花 1 分钟时间规划，可节省 4 分钟的执行时间！

# 第二篇

# 夏·长

# 企业支柱，企之“干”

# 第四章　岗位职责

企业在招聘新人时，需要遵循“合适的才是最好的”这一原则。最优秀的人才不一定是最好的员工，而合适的才能成为最好的。所谓“合适”，主要从“软”和“硬”两个角度去衡量，“软”是指要认同企业文化，主要从应聘者的个人态度、个性、喜好、兴趣等方面来考察；“硬”是指要满足岗位要求，主要从应聘者的学历、年龄、技能等来考察。

## 第一节　做好人员配备

所谓岗位职责，就是为实现部门职责，该岗位应承担的工作责任和工作范围。确定岗位职责，想得清楚、说得清楚、写得清楚才能做得清楚。

### 1. 因岗定人，不能因人定岗

要点一：岗位职责从公司分解到部门，再从部门分解下来并且经过进一步细化而得出的。

要点二：两个岗位的重要职责不能重复，要简洁。

要点三：一项职责只用一句话来表达，标准量化。如表4.1所示。

再比如，酒店领班的工作职责：

领班的业务工作责任包括：执行各种管理制度，工作有内容，考核有标准；分配任务，实行经济责任制；做好设备设施的保养与维护；培训员工，学基本、学知识；做好记录，保存原始凭证；做好安全保卫工作；进行成本控制和核算；做好内部促销。

### 2. 任职条件

任职条件的要求：“人适其事，事得其人，人尽其才，才尽其用。”

表 4.1　　前台经理（接待）工作内容

| 日期 | 序号 | 工作内容 | 性质 | | 胜任√ | 后期胜任期限 | 产值分 | 价值分 | 备注 |
|---|---|---|---|---|---|---|---|---|---|
| | | | 紧急重要 | 不紧急重要 | | | | | |
| 每日必做的事 | 1 | 每天晨会后 5 分钟内开始安排员工站岗（每岗 20 分钟）15 秒到岗 | √ | | | | | 100 | |
| | 2 | 每天 8：30 打开收银系统 10 分钟内做好一切营业结账准备（单据、仪容、卫生）；并进入一天工作状态 | √ | | | | | 200 | |
| | 3 | 每天下班前与店长核对当天营业账目业绩（现金、劳动、销售、刷卡、支出）并发送给店长 | √ | | | | | 300 | |
| | 4 | 结账仪容标准（面带微笑，声音甜美，行为举止优雅） | √ | | | | | 200 | |
| | 5 | 店日报表、员工业绩报表填写准确清晰，耐心解答对查人员；报销、借支放款时要做到：见单、见货有店长签名后放款 | √ | | | | | 300 | |
| | 6 | 八点五十准时参加早会，接受新指示 | √ | | | | | 100 | |
| | 7 | 及时合理安排服务顾客，轮牌公平公正，遇到问题耐心处理，确保在现场无争执怠慢顾客现象；以良好的服务解决顾客疑问，耐心引导顾客，营造良好服务口碑；客人满意度达 95% | √ | | | | | 200 | |

续 表

| 日期 | 序号 | 工作内容 | 性质 | | 胜任√ | 后期胜任期限 | 产值分 | 价值分 | 备注 |
|---|---|---|---|---|---|---|---|---|---|
| | | | 紧急重要 | 不紧急重要 | | | | | |
| 每日必做的事 | 8 | 检查收银员对外卖产品、划卡消费、免费项目的备份记录（并给予帮助），做每次会议记录 | √ | | | | | 200 | |
| | 9 | 了解所有会员卡的消费明细、做到准确无误、零投诉 | √ | | | | | 200 | |
| 每周必做的事 | 1 | 参加卫生大扫除 | √ | | | | | 200 | |
| | 2 | 参加周会（接受店长工作指导） | √ | | | | | 200 | |
| | 3 | 协助收银员核算员工星级目标完成情况 | | √ | | | | 200 | |
| 每月必做的事 | 1 | 总结前台工作情况及下月提升方案 | √ | √ | | | | 200 | |
| | 2 | 协助收银员核算员工本月星级目标完成情况 | | √ | | | | 200 | |
| | 3 | 参加公司月快乐汇 | | √ | | | | 200 | |
| 每季度必做的事 | 1 | 学习一次收银系统操作流程和服务礼仪 | | | | | | 200 | |
| | 2 | | | | | | | 200 | |
| 每年必做的事 | 1 | 参加公司年会 | | √ | | | | 200 | |
| | 2 | 总结前台本年度工作情况及明年工作规划 | | √ | | | | 200 | |

续 表

<table>
<tr><th rowspan="2">日期</th><th rowspan="2">序号</th><th rowspan="2">工作内容</th><th colspan="2">性质</th><th rowspan="2">胜任√</th><th rowspan="2">后期胜任期限</th><th rowspan="2">产值分</th><th rowspan="2">价值分</th><th rowspan="2">备注</th></tr>
<tr><th>紧急重要</th><th>不紧急重要</th></tr>
<tr><td rowspan="2">临时事情</td><td>1</td><td></td><td></td><td>√</td><td></td><td></td><td></td><td></td><td></td></tr>
<tr><td>2</td><td></td><td></td><td></td><td></td><td></td><td></td><td></td><td></td></tr>
<tr><td rowspan="2">长期事情</td><td></td><td></td><td></td><td></td><td></td><td></td><td></td><td></td><td></td></tr>
<tr><td></td><td></td><td></td><td></td><td></td><td></td><td></td><td></td><td></td></tr>
</table>

（1）根据岗位要求选择合适人选

企业管理者需要根据岗位职责的要求来选择合适的人选。在安置员工前，要详细了解不同岗位的工作内容、地位和作用、对员工素质技能的要求等。同时，企业管理者还要尽可能地了解该人选的文化程度、教育水平，掌握该人选的性格特征、气质类型、兴趣所在、工作能力、健康情况，甚至其家庭背景、社会关系，从而把符合该岗位要求的员工安排到适合的岗位上，提高用人的准确性，减少失误。

只有从事喜欢的工作，人的工作效率才能提高。从事一种自己喜欢的工作，工作本身就能给人带来一种满足感，增加乐趣，提高效率。相反，从事一种自己讨厌的工作，工作就成了负担，使人从心里抵触、逃避工作，马马虎虎，敷衍了事，给企业经营造成危害。

对于那些大家都不喜欢的苦活、累活等，企业可以给予比较优厚的待遇或提供其他照顾条件，作为员工牺牲个人利益的补偿，尽量使企业的每一项工作都有人愿意干。

公司岗位职责体系如下图所示。

（2）工作分配要“求稳不求速”

企业管理者在确定岗位人选过程中，要“求稳不求速”。不要一空出来某工作岗位，就急急忙忙地随便抓个人就上。这样仓促的决定，不仅不利于企业工作的顺利移交，而且会因为人选的不当，而使企业受到不应有的损失。

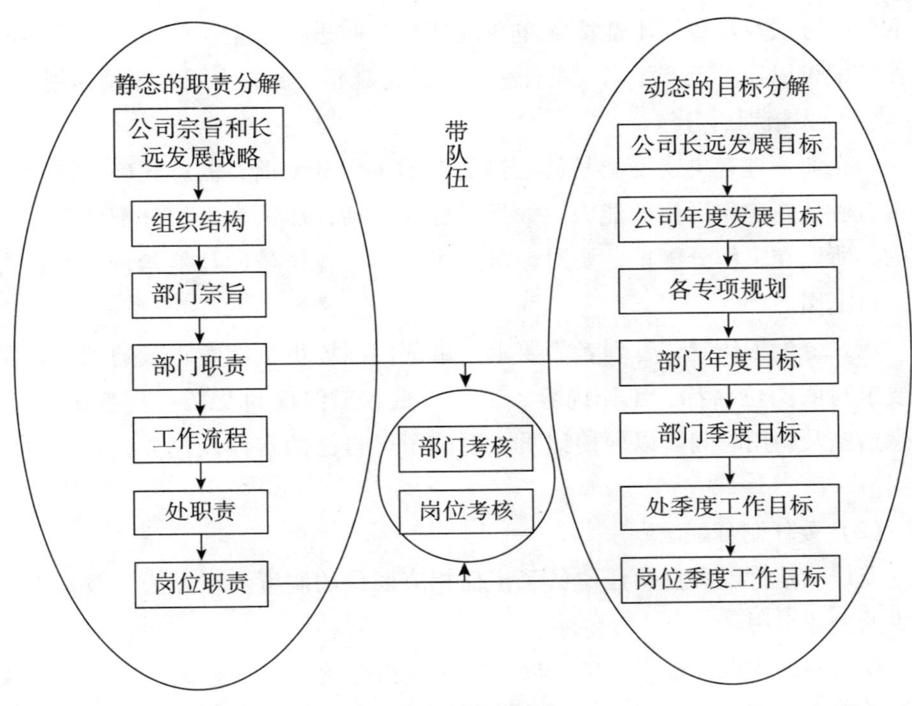


**公司岗位责任体系**

因此，企业管理者在最初安排时，一定要做大量的调查准备工作，还要对员工在新岗位的工作进行一定时间的试用，通过试用来考察员工是否能胜任工作。经过试用，证明胜任的员工，应当保持一定的稳定性，不要轻易调整他们的岗位。

（3）岗位合理搭配，使“1 +1 >2”

企业的每一个岗位都不是孤立存在的，将各个岗位的员工适当组合，能够释放出比单个员工简单相加更大的能量；而员工组合不当的群体，工作绩效还比不上个人成绩的简单相加。

企业管理者在安排员工时，应优化组合，形成员工能力的互相补充，人才结构科学化，相互配合，建立良好的人际关系，促进组织内的团结协作，提高工作效率。另外在岗位搭配上，还要考虑性别的搭配，俗话说：“男女搭配，干活不累。”

### 3. 岗位分配

企业管理者在进行工作岗位分配时，要根据本企业的企业文化，采用合适的分配方法及步骤。不能简简单单地把员工叫进办公室一说了事。科学的工作分配可以让员工产生岗位责任感、岗位优越感，起到有效的激励作用。

（1）先培训后分派

当企业管理者决定委派某员工接受新的工作分配前，需首先确认该员工是否有胜任新工作岗位的能力。如果不胜任的话，那这个工作分配就是不成功的。所以在工作分配前，要对该员工进行新工作岗位的技能培训，培训合格后再上岗。

正式分配工作时，管理者需要求人事部门向该员工颁发正式的聘书，聘书要求写明岗位名称、工作内容、工作职责、工作权利及义务、考核方式、奖惩措施及聘用时间。以便使该员工明确了解自己的责任及任务，明明白白上岗。

（2）委任制分配法

委任制是管理者直接任命员工担任相应职位的制度。该方法一般是人员较少的企业采用。

委任制的优点：程序简单、权力集中、指挥统一、效率高、省时间。委任制的缺点：容易因管理者个人的好恶，而出现“任人唯亲”的现象；或因管理者本身的视野与精力的限制，而造成在没有全面了解下属的情况下错误委任的现象。

弥补方法：委任前，采取公示制度，在公示期内，任何员工都可以采用匿名或者实名的方式，向管理者提出疑义。如果有疑义，管理者将根据情况进行调查后给出处理意见。如果在公示期内没有疑义，则委任正式生效。该方法可以使全体员工参与决策，群众的眼睛是雪亮的，从而弥补管理者的失误。

（3）选任制分配法

选任制是由企业的员工通过选举的方式来确定由谁担任某一职务的制度。该方法一般是人员较多的企业所采用。

选任制的优点：能够较好地反映大多数人的意愿，增强被选举者对广大员工的责任感。选任制的缺点：不适宜在很大的范围内实行，因为企业规模太大，员工彼此间很不熟悉，选举盲目；选举容易流于形式，多数跟着走过场。

弥补方法：一是参与选举的员工范围要控制在有效的范围内，避免流于形式；二是建立选任试用期制度，对于被选任的员工需结合试用期的表现，综合评定后，才正式聘用。

（4）聘任制分配法

聘任制是管理者采用招聘的形式确定任用对象，并与之签订劳动合同的制度。

聘用制的优点：在合同期内比较稳定，便于管理。聘任制的缺点：程序比较复杂。

弥补方法：在招聘过程中，除接收应聘者简历，以面试方法来确定任用对象外，管理者还需发动全体员工，来推荐优秀人才。因员工对自己的工作熟悉，了解工作岗位的具体要求，由于自身的责任感，一般会尽心推荐合适人选。另外，被推荐人与推荐人相熟，管理者可以对被推荐人的背景及工作能力进行深入调查，不容易被表面现象所蒙蔽。

（5）考任制分配法

考任制是企业通过公开考试来评价员工的知识与才能，并依据考试成绩优劣录用各种人员的制度。

考任制的优点：具有明确统一的标准，公开竞争，机会均等，体现了成绩面前人人平等的公平原则，在大的范围内选拔人才，可以克服委任制、选任制和聘用制的主观性弊病和选拔视野狭窄的缺陷，并可以激励员工努力学习业务知识。考任制的缺点：很难正确把握员工考试成绩与实际能力的关系，员工的道德素质无法通过考试来判断。考试成绩只适合于测评员工专项技能。

弥补方法：考试需分为笔试成绩及业务成绩两种综合考虑，一般采用满分加权制。满分均为100分，其中笔试成绩加权为0.4，业务成绩加权为0.6。例如，甲员工笔试成绩60分，业务成绩80分，则他的加权分数为：$60\times0.4+80\times0.6=72$分。乙员工笔试成绩80分，业务成绩60分，则他的加权分数为：$80\times0.4+60\times0.6=68$分。

## 第二节　工作分析

要想构建和维持一个成功的企业，最重要的是做好人员的招募与甄选的工作。人是所有组织的、技术的、财务的或者管理过程和系统的核心。因此，选择合适的人，是企业进行人员管理的一项重要工作，也是企业能够持续发展的前提。企业选人的依据是职位描述和职位规范，只有依据这两项内容，企业才能将合适的人放在合适的位置上。而这两项内容的形成都要靠工作分析来完成。

工作分析就是对职位设置目的、汇报关系、任职要求、主要职责、衡量标准、工作权限、工作方式、主要流程及制度等方面做充分的、详细的分析及说明。使根本不了解该职位的人通过阅读职位说明书，便可很快了解该职位设置的目的、工作关系、工作范围、职责、工作权限、工作依据及任职条件。

### 1. 工作分析的目的

促使工作的名称与含义在整个组织中表示特定而一致的意义，实现工作用语的标准化。确定工作要求，以建立适当的指导与培训内容。确定员工录用与上岗的最低条件。为确定组织的人力资源需求、制订人力资源计划提供依据。确定工作之间的相互关系，以利于合理的晋升、调动与指派。获得有关工作与环境的实际情况，利于发现导致员工不满、工作效率下降的原因。为制订考核程序及方法提供依据，以利于管理人员执行监督职能及员工进行自我控制。辨明影响安全的主要因素，以及时采取有效措施，将危险降至最低。为改进工作方法积累必要的资料，为组织的变革提供依据。

### 2. 工作分析遵循的原则

（1）工作分析应符合企业发展战略

工作分析必须以企业的发展战略为导向，各个工作岗位的设置和职责规范必须与企业的发展战略相适应，并能够支持企业的战略目标的实现。

（2）工作分析要有流程导向衔接

工作分析必须与企业内部流程和系统密切衔接，与提高流程的速度和效率相配合，促进企业的流程优化与提升。

（3）工作分析要保持动态性

为了保持企业组织与管理的连续性，企业内部的职位设置与其相对应的职位说明书和职位规范在保持相对稳定性的同时，必须根据企业的战略、组织、业务和管理的变化，进行适当调整。

### 3. 工作分析的内容

（1）基本信息分析

基本信息分析主要包括：包含这个职位的名称、任职者的名字，是不是从属于一个小的部门，任职人的主管的名称，以及任职人和主管人的签字。

（2）职位设定分析

这个岗位为什么存在，如果不设立这个岗位会有什么后果。

（3）工作职责分析

这是最重要的部分。我们可以按照职责的轻重程度列出这个职位的主要职责，每项职责的衡量标准是什么；列出工作的具体活动、发生的频率，以及它所占总工作量的比重。

在收集与分析信息的时候，可以询问现在的任职者，他从事了哪些和本职无关的工作，或者他认为他从事的这些工作应该由哪个部门去做，就可以区分出他的、别人的和他还没有做的工作。

（4）职位组织结构分析

组织结构分析包括：职位的上级主管是谁，职位名称是什么，跟他平行的是谁，他的下属是哪些职位以及有多少人，以他为中心，把各相关职位画出来。

（5）职位权职分析

即对这个职位享有哪些权利、承担哪些职责进行分析。主要包括：财务权，资金审批额度和范围；计划权，做哪些计划及做计划的周期；决策权，任职者独立做出决策的权利；建议权，明确是对企业政策的建议权，还是对某项战略以及流程计划的建议权；管理权，明确要管理多少人，管理什么样的下属，下属中有没有管理者，这些管理者是中级管理者，还是高级管理者；自我管理权，明确工作安排是以自我为主，还是以别人为主；经济责任，要承担哪些经济责任，包括直接责任和间接责任等。

（6）工作关联分析

就是对这个职位在企业的内部和企业外部进行分析，包括与政府机构、供应商、顾客之间发生怎么样的沟通关系，沟通的频率、沟通的方式是什么样的，主要是谈判沟通还是日常销售沟通，等等。

（7）任职资格分析

任职资格分析包括从业者的学历和专业要求工作经验、专业资格要求、专业知识方面要求、职位所需要的技能、个性要求等内容。

职位所需要的技能包括沟通能力、领导能力、决策能力、外语水平、计算机水平、空间想象能力、创意能力等。

个性要求这一项是选择性的。还有其他方面，如这个职位要求的最佳年龄段、身体状况、身高等，也可以在其他要求里做注明。

（8）工作条件分析

工作条件分析包括职位的体力消耗程度，压力、耐力、精神紧张程度等内容。还有用电、爆炸、火警等安全性方面也要写明。

（9）工作设备的分析

工作设备分析包括职位需使用的设备和工具，比如从事工作需要计算机、扫描仪、收银机等内容。

（10）劳动强度与工作饱满度分析

劳动强度与工作饱满度的分析，包括比如说工作姿势，是坐着还是站着，有没有弯腰，等等。对耐力、气力、坚持力、控制力、调整力的要求。是否要执行倒班制度，实行弹性的工作时间还是固定的工作时间，还是综合的计时制等。

工作饱满程度是指是否要经常超负荷工作，要不要经常加班，还是刚刚达到饱满程度，或是半负荷，甚至说超低负荷等。还可以听一听任职者的建议，从而确定人员编制。

### 4. 工作分析的方法

工作分析是企业人员管理的一项核心基础职能，简单来讲，它是一种用统计方法，收集、分析、确定企业中职位的定位、目标、工作内容、职责权限、工作关系、业绩标准、人员要求等基本因素的过程。一般来讲，工作分析主要有以下几种方法。

（1）观察法

观察法是指工作分析人员通过对员工正常工作的状态进行观察，获取工作信息，并通过对信息进行比较、分析、汇总等方式，得出工作分析成果的方法。观察法适用于对体力工作者和事务性工作者，如仓储搬运员、收银员、文秘等职位。

由于不同的观察对象的工作周期和工作突发性有所不同，所以观察法具体可分为直接观察法、阶段观察法和工作表演法。

直接观察法：工作分析人员直接对员工工作的全过程进行观察。直接观察适用于工作周期很短的职位。如店铺的保洁员，他的工作基本上是以一天为一个周期，工作分析人员可以一整天跟随着保洁员进行直接工作观察。

阶段观察法：有些员工的工作具有较长的周期性，为了能完整地观察到员工的所有工作，必须分阶段进行观察。比如财会人员，他需要在每年年终对整个企业的财务状况进行统计，工作分析人员就必须在年终时再对该职位进行观察。

工作表演法：对于工作周期很长和突发性事件较多的工作比较适合。如保安工作，除了有正常的工作程序以外，还有很多突发事件需要处理，如盘问可疑人员等，工作分析人员可以让保安人员表演盘问的过程，来进行该项工作的观察。

在使用观察法时，工作分析人员应事先准备好观察表格，以便随时进行记录。条件好的企业，可以使用摄像机等设备，将员工的工作内容记录下来，以便进行分析。另外要注意的是，有些观察的工作行为要有代表性，并且尽量不要引起被观察者的注意，更不能干扰被观察者的工作。

（2）问卷调查法

工作分析人员首先要拟订一套切实可行、内容丰富的问卷，然后由员工进行填写。问卷法适用于脑力工作者、管理工作者或工作不确定因素很大的员工，比如企业管理者。

问卷法比观察法更便于统计和分析。要注意的是，调查问卷的设计直接关系着问卷调查的成败，所以问卷一定要设计得完整、科学、合理。

国外的组织行为专家和人力资源管理专家研究出了多种科学的，也很庞大的问卷调查方法。其中比较著名的有以下两种。

第一，工作分析调查问卷 PAQ。工作分析调查问卷是美国普渡大学的研究员麦考米克等人研究出的一套数量化的工作说明法。虽然它的格式已定，但仍可用之分析许多不同类型的职位。PAQ 有 194 个问题，计分为六个部分：资料投入、用脑过程、工作产出、人际关系、工作范围、其他工作特征。

第二，阈值特质分析方法 TTA。劳普兹等人在 1981 年设计了“阈值特质分析”TTA 问卷。特质取向的研究角度是试图确定那些能够预测个体工作成绩出色的个性特点。TTA 方法的依据是：具有某种人格特性的个体，如果职位绩效优于不具有该种特制者，并且特质的差异能够通过标准化的心理测验反映出来，那么就可以确定该特质为完成这一工作所需的个体特质之一。

然而，我们的许多企业很难利用这些研究成果来进行问卷调查。我们可以根据企业的实际情况来自制工作分析问卷，这样效果会更好些。

（3）面谈法

也称采访法，它是通过工作分析人员与员工面对面的谈话来收集职位信息资料的方法。在面谈之前，工作分析人员应该准备好面谈问题提纲，一般在面谈时能够按照预定的计划进行。面谈法对工作分析人员的语言表达能力和逻辑思维能力有较高的要求。

工作分析人员要能够控制住谈话的局面，既要防止谈话跑题，又要使谈话对象能够无所顾忌地侃侃而谈。工作分析人员要及时准确地做好谈话记录，并且避免使谈话对象对记录产生顾及。面谈法适合脑力职位者，如店铺高层管理人员、店铺数据的统计分析人员等。

面谈法的标准如下：所提问题要和工作分析的目的有关；工作分析人员语言表达要清楚、含义准确；所提问题必须清晰、明确，不能太含蓄；所提问题和谈话内容不能超出被谈话人的知识和信息范围；所提问题和谈话内容不能引起被谈话人的不满，或涉及被谈话人的隐私。

各种工作分析方法的优缺点，如表 4. 2 所示：

**表 4. 2　　各种工作方法的优缺点**

| 方法 | 优点 | 缺点 |
| --- | --- | --- |
| 观察法 | 能较多、较深刻地了解工作要求 | 不适用于高层领导、研究工作、耗时长或技术复杂的工作、不确定性工作 |
| 面谈法 | 效率较高 | 面谈对象可能持怀疑、保留态度；对提问要求高；易失真 |
| 问卷调查法 | 费用低；速度快，调查面广；可在业余进行；易于量化；可对调查结果进行多方式、多用途的分析 | 对问卷设计要求高；可能产生理解上的不一致 |

## 5. 工作分析的程序

一般来说，工作分析大致可以分为五个阶段：项目准备阶段、信息收集阶段、信息处理阶段、结果表达阶段、反馈调整阶段。

(1) 项目准备阶段

在这一阶段中，应该明确工作分析的目的和意义、方法和步骤；确定工作分析的方法；限定工作分析的范围，并选择具有代表性质的职位作为样本；明确参与人员，明确工作分析的步骤，制订详细的工作分析实施时间表；编写“工作分析计划”和职位说明书模板，并向有关人员进行工作分析的宣传。

(2) 信息收集阶段

在进行工作分析时，需要收集如下信息：工作内容、工作职责、有关工作的知识、精神方面的技能、经验、适应年龄，所需的教育程度、技能的培养要求、与其他工作的关系、作业身体姿态、作业环境、作业对身体的影响、劳动强度、特殊心理品质要求等。

(3) 信息处理阶段

在信息处理阶段，将在上一个阶段中收集到的资料信息进行统计、分析、研究、归类，并按照企业之前的工作分析资料和同行业、同职位其他企业的相关工作分析的资料，以提高信息分析的可靠性。在这个阶段要特别注意与基层管理者沟通，确保没有任何疑点。

(4) 结果表达阶段

在这个阶段，主要是编写职位说明书和职位规范。根据信息处理的结果，按照职位说明书和职位规范的模板，将所需信息填写完整。

(5) 反馈调整阶段

将完成的职位说明书和职位规范返还到各个岗位的任职者手中，收集他们的反馈意见，并召开会议，听取各方面意见，最后，综合各个方面的意见，将职位说明书和职位规范进行修整。

由于现在的零售企业处在一个变动的时代，所以，企业的战略、组织以及管理结构都处在不断的变化之中，因此，作为企业的管理者要定期审视职位说明书，并定期进行修订，以保证企业的工作分析工作走在时代的前面。

# 第五章　流程优化

按流程执行，不但是效率的保证，也是工作质量的保证。因为公司的流程决定了我们做事的程序和步骤，也厘清了每个人的岗位职责和执行要达到的标准。可以说，按流程执行就是提高执行力的具体方法，当所有人都按照流程执行工作的时候，他的执行力也就得到了基本保证，他的工作业绩也能得到相应的提升。

## 第一节　按流程执行的意义

### 1. 按流程执行决定业绩

有没有一种工作方法，可以针对影响工作绩效的 5 个因素，迅速提升我们的工作业绩?

有！答案就是按流程执行，按程序做事。

任正非曾说过："一个新员工，看懂模板，会按模板来做，就已经标准化、职业化了。你三个月就掌握的东西，是前人摸索几十年才摸索出来的东西，你不必再去摸索。"其实，这就是按流程执行的威力所在。它不但可以让一个人迅速熟悉其工作内容，还可以让一个人的工作业绩得到大幅提升。

有一位老板讲述了他如何通过流程化让一位从山区来的保姆迅速成长。首先他将保姆从早上六点半到晚上十点每个时间段的主要工作、程序、要求、目标、注意事项、易出现的差错等内容做成表格、流程张贴在醒目位置，然后他又对一块玻璃需擦多少次，先擦哪里后擦哪里，需要多少水量，抹布洗几次，以及接听电话的第一句话和最后一句话该怎么说都做了明确规定。以上这些内容都清晰量化之后，他要求保姆每天熟读两遍，每个月默写一次，作为保姆必修的课程与考核内容进行强化。

经过半年多的重复练习和强制性训练，原本懵懵懂懂的小保姆把按以上流程执行变成了自然而然的习惯，每天的工作都有条不紊。

## 2. 把聪明规范起来

只要有流程可依的工作，就不能图省事随意变通。因为前面省事了，后面就可能会出现大麻烦。比如开发人员在设计环节图省事，制造环节就可能会出现大麻烦，一旦返工重新设计，所遇到的困难会以几何级数增长。采购人员在采购环节图省事，买回来的材料就可能会出现质量问题。销售人员在签合同时图省事，则可能会造成重大的财务损失。

我并不反对创新过程中的变通。比如开发设计一款新产品，一种方案行不通，必然要试验另外一种方案。这个时候，因为没有成功的经验可以借鉴，必须要变通试验不同的方案。但是，我反对没有原则的变通，尤其是按流程执行中的变通。因为按流程执行中的随意变通，会给我们的工作带来各种各样的变异，而每一种变异都意味着不可预期的风险，意味着工作结果的失控，从而给个人甚至给公司带来巨大的风险和损失。

在2012年的“3·15”晚会上，位于北京三里屯的麦当劳餐厅，因为鸡翅超过保温期后没有取出、甜品派以旧充新以及食材掉到地上不加处理继续备用等违规情况而被中央电视台曝光。

虽然此次曝光不但没有引起大量消费者对麦当劳的不满，反而让许多人看到了和一些国内企业相比，麦当劳对食品质量的严格控制，但是，麦当劳的品牌形象还是受到了一定的影响，以致麦当劳官方不得不及时表态：“我们将由此事深化管理，确保营运标准切实执行，为消费者提供安全、卫生的美食。欢迎和感谢政府相关部门、媒体及消费者对我们的监督。”

为了确保食品质量，麦当劳的工作都是严格流程化、标准化的。员工在按流程执行中的任何变通，哪怕是时间上相差一秒，都可能会导致食品质量达不到标准要求。显然，麦当劳这次被“3·15”曝光，就是由三里屯的个别员工未按流程执行造成的。

不按流程执行，有时候从个人来看可能获得了一定的效率或好处，但对于公司整体来说，这种局部的效率却可能是致命的杀手。因为流程是一种确保以正确的过程取得理想的结果的执行工具，按流程执行不但可以保证质量，而且可以规避风险。

### 3. 追求过程的卓越

现实生活中，重视结果的人要比重视过程的人多得多。而且，总有一些人想要弄清楚是过程重要还是结果重要。其实，如果非要从这两者之间选出一个更重要的来，那显然是结果更重要。因为从组织到个人，都是对目标负责的，从某种意义上说，目标就是结果。一个员工无论如何努力，没有好的结果，我们不会认为他是一个优秀的员工，这也是绩效管理的思想。

流程乌龟图如图 5. 1 所示。

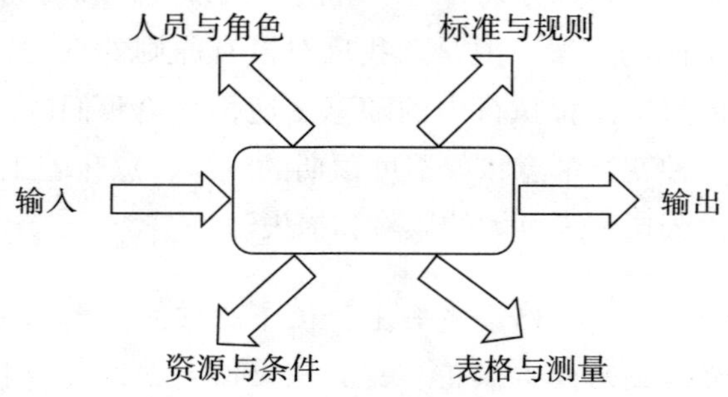


**图 5. 1　流程乌龟图**

但是，过程一旦被忽视，结果通常就会存在各种各样的问题。而且，既然过程和结果是一体两面，它们之间也就不是孰轻孰重的关系，而是如何形成平衡点的关系。

人们之所以总想在过程和结果之间找到一个侧重点，恰恰是因为他们找不到这二者之间的一个平衡点，不知道该如何对它们进行平衡。

其实，要想平衡这二者之间的关系，只需要借助平衡记分卡的理念，关注四个维度即可，它们分别是财务维度、客户维度、内部流程和学习成长。

（1）财务维度

财务维度，实际上就是结果导向，强调的是成本意识和赢利意识。我们在工作的时候，是以忙碌为评价自己工作好坏的标准，还是以为公司减少了多少浪费，创造了多少价值为评价标准？我们有没有想过，我们看似每天都

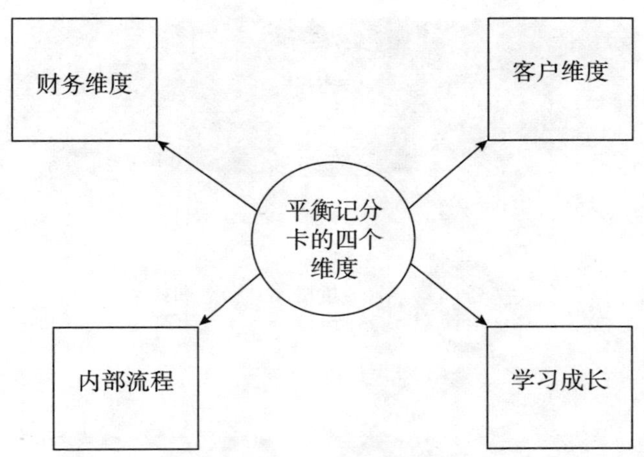


**图 5.2　平衡记分卡的四个维度**

在忙忙碌碌，实际上不但没有为公司创造多少价值，反而还在侵蚀公司的利润？我们有没有想过，许多工作本可以直接应用已有的工作成果，却要坚持从头开始去做，这不但不是在追求过程的卓越，反而是在增加公司的成本，制造浪费？

追求过程的人一旦有了成本意识，其工作绩效往往会得到大幅度提升，这是我的经验之一。

（2）客户维度

客户维度，主要是指客户满意度，强调的是与客户建立和谐的关系。显然，要想追求过程的卓越，客户满意度就不能被忽视。客户合作一次就不想合作第二次，下道工序的同事不断发现上道工序的工作中存在的问题，这样的工作过程不但不是卓越的，反而是恶劣的。完全以结果为导向的人，常常会在这方面出现问题。

（3）内部流程

内部流程，强调的是规范化执行。我们在工作的时候，有没有按流程执行，按标准化操作，这都是检验工作过程是否卓越的标准。一个靠投机取巧完成工作任务的人，他的结果考核可能是达标的，但他的工作过程却是不完美的。凡是被称作奇迹的事情，往往都不可延续，而相信运气的人，最后往往都会倒在运气上。只有那些严格按规范执行，时刻保持过程卓越的人，才能始终保持结果的达标。

比如下面的家装环保流程图。

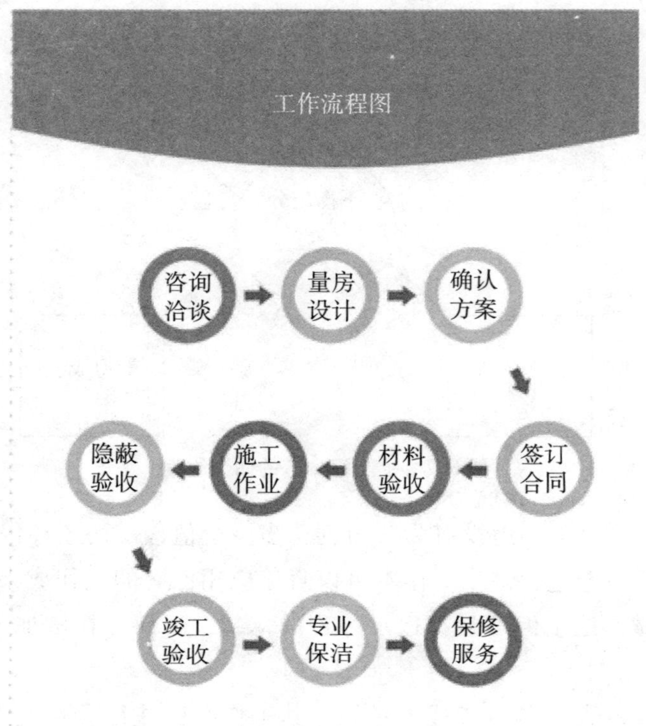


**图 5.3 家装环保流程图**

（4）学习成长

学习成长，强调的是在完成任务的过程中，能否不断提升自己的知识水平和工作技能。显然，人们只能从过程中学习，而无法从结果中学习。所以，注重过程的人才能不断学习成长，而那些只关注结果的人，则只能原地踏步，无法提升。

以上这四个维度不是互相独立的，而是有着千丝万缕的因果关系。当我们在工作中能够时刻注意这四个纬度时，我们不但能实现过程的卓越，也能实现结果的卓越。

### 4. 卓越执行力的两个标准

卓越执行力有两个标准：第一，你的工作是否按流程执行，按标准化操作，并在规定的时间内完成任务目标；第二，你在规范化执行的时候，是否为公司创造了价值。

过程规范化，结果效益化，这才是优秀执行力的标准。

从这个标准来看，人们即便完成了绩效考核目标，但只要在工作过程中没有规范化执行，就不算有执行力。而且，人们即便规范化执行并达到了绩效考核目标，但没有为公司创造价值，也不能算是有执行力。

有人或许会疑问，自己的工作比较简单，而且并不能直接为公司创造价值，岂不是永远无法具备执行力？

这是对“创造价值”的一种误解。因为为公司创造价值，不仅仅是直接为公司拿来订单，创造利润，也包含着如何为公司降低成本、减少浪费，或者帮助公司发现问题，并找到解决办法。

李宁公司曾希望把国外市场收入对公司贡献比例提升至20%，并在2010年试水美国市场。但是，在品牌力不足的情况下，国际业务负责人能想到的唯一提升销量完成考核指标的办法，就是将在国内标价几百元人民币的运动鞋以9.9美元的价格甩给美国当地经销商。结果，因为这么做主要是为了应付公司制订的销售目标，并没有为公司创造价值，一位国际业务总监因此“被离职”。而这位总监被召回谈话时，对他的“指控”是领着高薪，每月来回都坐商务舱，钱没少花，却没给公司带来什么真正有价值的思路和主意。

其实，拓展国际市场艰难，大家都有心理准备。所以我们可以发现，那位国际业务总监“被离职”、被“指控”的原因并不是没有完成考核目标，而是“领着高薪，每月来回都坐商务舱，钱没少花，却没给公司带来什么真正有价值的思路和主意”。

作为国际业务的直接负责人，不能为公司提供有价值的解决方案，同时不懂得为公司节约成本、减少浪费，这才是那位总监“被离职”的根本原因。一句话，他即便完成了考核任务，但没有为公司创造价值，所以必须“走人”。

创造价值是工作的最终目标。我们都想获得高薪，但如何获得，能获得多少，不是由我们的能力决定的，而是由我们为公司创造的价值决定的。一个只知道完成任务而不知道创造价值的人，公司不会喜欢。公司喜欢的是那些既能规范化执行，又能为公司创造价值的人。

哈佛大学著名的市场营销学教授西奥多·莱维特（Theodore Levitt）曾告

诫他的学生："顾客不是想买一个1/4英寸的钻孔机，而是想要一个1/4英寸的钻孔！"这句话同样可以告诫非营销岗位的每一个人：公司花钱聘请我们，要买的不是我们的执行（工作表现），而是我们为公司创造的价值。

## 第二节 尊重流程才能有效执行

### 1. 抱怨流程不如改变自己

没有哪家公司的流程是完美的，也没有哪家公司的流程是可以一成不变的。公司只要在发展变化，公司的流程也必然需要不断地改进完善，这是常识。所以，如果有人因为对公司的流程不满意而有所抱怨，是比较正常的现象，不值得惊讶。

不过，抱怨应该有一个度。就像一个心情郁闷的人，可以找个没人的地方吼两嗓子，发泄一下压抑的心情，但却不能碰个人就诉委屈，而且翻来覆去的就是在唠叨那点事情。否则，你说得不累，听的人还累呢。而且，即便你抱怨得有道理，即便听你唠叨的人一开始也同情你，只要你像祥林嫂那样不停地抱怨，你收获的就不再是同情，而很可能是厌恶——可怜之人必有可恨之处。抱怨多了，人们就不会再认为你有道理了，而会觉得是你自身有问题。否则，你为什么只是在一味地抱怨，而不是想办法去适应环境、解决问题呢？

其实，抱怨越多，执行就会越少。这是因为，一个人越是抱怨流程不合理，对工作的不满情绪就会越大。随着不满情绪的增加，他会不自觉地用负面思维去看待问题。而一旦负面思维占了主导，人的心志、思想、情绪及其行为方式都会受到极大的影响。这种影响会慢慢地让一个人失去理智，最终失去正确判断一件事情并做出正确选择的能力，从而给自己的工作带来严重的影响。这种影响通常会体现在抵制流程、工作不积极、执行不到位、没有合作精神等。显然，当一个人的工作状态是这个样子的时候，谁都不敢奢望他能把工作做好。

### 2. 过程"差不多"，结果"差很多"

有些人总觉得自己在执行工作时稍稍不到位并无大碍，殊不知，许多公司的战略在落实时走形变样，许多人的工作总是达不到预期效果，都是因为每个人在执行自己的工作时都不到位的原因——一个由成千上万甚至数以百万计的个人行动所构成的公司（想想看，每个人每天要执行多少不同的行动），是经不起其中1%或2%的行动偏离正规的。尤其是具体的工作行为和原定的标准要求南辕北辙的话，后果如何更是可想而知。

我们之所以认为自己在工作时稍微偏离标准要求并无大碍，通常是因为我们只看到了自己所负责的那一部分工作内容。但是，如果站在全局的角度来看，每个人在工作中都偏离工作要求，结果会如何？想想一支几万人的军队在战场上不听号令，每个人都各自为战会出现什么现象，你就能猜到当公司的每个员工都执行不到位时，公司会出现什么情况。

在国内的大多数公司里面，要想获得这种比较优势相对容易：只要在执行的时候不打折扣，严格按照公司规定去做，你基本上就能脱颖而出——这并不是说执行到位有多难，而实在是执行不到位的人太多，所以你稍微一用心，就能超越他们。

### 3. 态度要严谨，执行要规范

是否愿意按流程执行，能否执行到位，最大障碍不是专业技能与能力，而是心态。否则，我们就无法解释有些人为什么连最简单的流程都执行不好。

心态决定了我们执行流程的态度。一个把自己看得过于重要的人，会不尊重流程，从而不按流程执行。这类似于特权心理：有些人做普通职员的时候，低眉顺目，按部就班，绝不逾规矩一步，但他们一旦当上了领导，就趾高气扬，觉得自己可以凌驾于公司的规章制度之上，这就是特权心理。

还有一些人，虽然没有特权心理，但却恃才傲物，过于自负，总认为自己的那一套工作方式才是最有效的，所以也常常对公司的流程不屑一顾。

无论是谁，只要有了这两种心态中的一种，就会离正确的理念越来越远，当然，离公司的要求也会越来越远。

对待流程的正确心态应该是尊重。唯有尊重流程，才愿意去执行。一个对流程不尊重、不信任的人，即便是做最简单的工作，他也很难百分之百地按流程执行。

有一家企业引进了德国设备，德国工程师在设备安装调试验收时，发现有一个螺丝歪了，但是它的紧固度没有问题。我们的工程师却认为这没有什么大不了的，所有六角螺丝的紧固度不可能都一丝不差，差不多就行了。

德国工程师却坚持说："不，这完全可以做到。六角螺丝歪了，是因为在拧这个螺丝的时候，没有按规范标准进行操作"。后来的调查发现了我们安装工人的问题。按照技术操作标准要求，上这些大螺丝需要两个人共同完成，一个人固定扳手，另一个人拧螺丝。可是我们的操作却是一个人上螺丝，另一个人休息。

这就是态度要严谨、执行要规范的最佳体现。

## 第三节　先执行，后改进

### 1. 流程永远不完美

无论是抱怨流程还是迷信流程，背后都隐藏着一个错误的认识：流程设计是可以一劳永逸的。这显然是错误的认识，因为流程永远都不会完美，它顶多能实现"相对完美"，而且是在"持续改善"的理念下才能实现。

持续改善也是以标准化为前提的。比如，流程改善之前工作的效率、效果、质量、时间、顾客意识及成本等是什么样子，改善之后是什么样子，应该能进行明确的比较。

持续改善是一种过程导向的思维模式，它认为任何工作都有可以改善的余地。在日本，越是高层的管理人员，越重视作业标准的改良。而一位基层员工的工作，则是以维护现有作业标准为主，不过当基层员工熟练其工作之后，他就可以通过个人的建议或品管圈的活动，对公司作业标准的改良有所贡献。

在日本的某一工厂，其员工餐厅的服务员成立了品管圈，有一次选定的主题是员工喝茶的行为研究。因每个员工喝茶的习惯不同，因此茶的需求也有所不同，根据该组的观察，员工普遍有坐在同一位置的习惯，因此提议将每一桌的茶水使用情形加以记录，根据得出的结果，提供每一桌的茶水，结果茶叶的使用量，减为以往的一半。该小组最后因对改善活动投入的程度，获得公司年度的社长金质奖。

事实上，在目前宏观经济不景气的情况下，降低成本、减少浪费以及提高效率，几乎已成为所有公司都在做的事情。这时候，员工如果能够从流程的角度提出一些有效的建议，对自己的工作进行持续改善，不但会解决流程不合理的问题，还可能会得到公司领导的重视，职业生涯也可能会获得更好的发展。

### 2. 改进之前先执行

无论你对公司流程持有什么态度，它在被改进之前都是你工作的执行标准。

柳传志说过这样一段话："员工做事，有流程制度的一定要按流程制度办事，流程制度有问题，那就先按流程制度办事，然后提出改进建议；没有流程制度，先按公司文化要求办，然后提出建设流程制度的建议。"

这段话实际上告诉了我们在执行中遇到了关于流程制度的问题时，应该如何面对：即便流程不合理，也应该先执行，后提改进建议。

这是因为，流程改进总是需要一些时间，但工作任务却等不起。尤其是对于团队协作才能完成的工作，别人都在按预计时间稳步前进，你如果等着流程改进之后再开工，那么你的工作环节就会成为整个团队的速度瓶颈，大家的工作进度都会受你的影响。

丰田生产方式之所以能保证产品的高质量、高品质，就在于它的标准化工作以及在此基础上的持续改善（近几年因为把重心放到了扩张上而放松了精益管理，丰田产品也出现了很多质量问题，有大量的汽车被回收）。在丰田公司，你与任何一位训练有素的领导相谈，询问他如何确保产品零缺陷，他告诉你的答案一定是：通过标准化工作。

在丰田公司，所有人的行为标准就是流程。当出现问题时，团队领导询问的第一个问题一定是："有没有按照标准化工作执行?"在解决问题的过程中，团队领导会看着操作人员按照标准化工作说明所记载的步骤执行一遍，以检查其中是否有异。如果操作人员完全依循标准化工作程序而仍然产生了瑕疵，团队领导才会考虑对这些标准步骤加以修正。

显然，如果抛掉了之前的执行标准，那么所谓的改进就没有比较，也就无法知道改进后的流程是比之前更好了，还是更差了。

**3. 全局视野，系统思维**

流程的改进是一个牵一发而动全身的工作，这实际上也是为什么许多人提出的流程改进建议得不到公司响应的原因。因为你只考虑到了自己那一部分的流程活动，而没有考虑到给其他人、其他部门带来的影响。

如果只考虑自己工作中的那一部分流程活动，我们可能有很多种方法来提高工作效率，但如果把我们所影响到的所有人、所有部门都考虑进来，我们可以提高工作效率的方法则可能会变得很少。

一个很简单的例子，为了保证计件（尤其是知识性工作的计件）的公平性，你可能会想出一套非常复杂的绩效考核方式。因为你是部门主管，对每个下属的具体工作内容都非常清楚，所以这套考核方式对你来说并不复杂。但是对人力资源部门来说，第一他们无法像你那样了解每个人的具体工作，第二他们也没有时间去这么做。所以，你不得不再去想一个更简单的绩效考核方式。

要想对流程提出改进建议，我们最起码要对自己的岗位工作非常了解。而建议要想被公司接纳，我们必须站在全局的角度，以系统的思维去看待问题。

所谓全局的角度，就是要考虑到自己的工作跟哪些岗位、哪些部门有直接关系。而系统的思维，则是以流程的视野，把所有的工作都看作是一个“流”，然后分析自身的工作在这个“流”中处于哪个环节，有什么作用。

显然，流程改进不是一个简单的工作。不过，这并不意味着我们应该就此放弃，把这个有挑战性的任务交给领导去解决。因为在流程改进中，领导并不一定是专家，实际执行流程的人才是专家。因为他每天都在执行，能详细地掌握各环节的优缺点。所以，他所提出的建议，即便不全面，但一定最有针对性。

所以，要想改进流程，靠的还是每个具体执行流程的人。只不过，因为这是一个牵一发而动全身的工作，所以领导在接到建议后，需要全局权衡而已。

# 第六章　制度规范

企业不能把人情看得比制度更重要。一个合理完善的现代企业制度，它的价值要远远比眼前的十几万元钱重要。这是一个优秀的现代企业必须具备的素质。如果我们靠人情来管理一个企业，那这个企业离破产就不远了。

## 第一节　领导力与制度

### 1. 区分“管理”与“领导”

既要制度化管理，也要人性化领导。之所以“是该制度化管理，还是该人性化管理”会困扰很多经理人，是因为他们混淆了“管理”与“领导”两个不同的概念。如何区别管理与领导呢？

请看下图和下表所示。

领导与管理

**领导与管理**

| 区别 | 对象 | 手段 |
|---|---|---|
| 管理 | 事物 | 控制 |
| 领导 | 人 | 激励 |

“管理”与“领导”的区别如下：

第一，在概念上，管理是企业运用各种资源实现经营目标的过程。资源包括了人与事，即领导产生于管理中。因为有了管理，所以需要产生领导来协调，因此管理的概念大于领导。

第二，在各自的对象上，管理既要针对人，又要针对事，而领导主要针对人。

第三，在使用的手段上，管理重控制，领导重激励。

考考你，面对下面的案例时，你该如何处置？

某公司的制度中明文规定，上班迟到30分钟者以旷工论处。

有一天，王主管遇到这样一个两难选择：小李迟到了40多分钟，一经核实，原来是小李的妈妈心脏病突发，小李十万火急送妈妈到医院急救，甚至来不及电话告知王主管。如果你是这位主管，小李应不应该受到制度的处罚？如果处罚，又应该如何协调？

我的意见是，必须处罚。否则，就会出现下一个违反者，就会有人浑水摸鱼，最后公司制度就形同虚设，管理势必走向混乱。那么如何体现人情味？即所谓“王法无情，人有情”，执行处罚前，王主管可以单独与小王沟通其中利害，如有困难，甚至可以在罚金上以个人名义帮小王一把，处罚后，也可以去看望一下小王生病的母亲。

### 2. 管理缺乏人性化，员工没有归属感

对于“制度是‘死’的，而人是‘活’的”这句话，大家并不陌生。它从侧面说明了，人生来就不喜欢被约束、被管制。如果你在工作中只强调制度化管理，没有领导的人性关怀，必将导致员工对公司制度产生抵触情绪。为什么会这样呢？要了解其中的原因，得从制度的特征谈起。

制度的特征之一是“教条”。在制度管理之下，难免出现工作气氛沉闷，

员工的冲劲与干劲都受到压抑的现象。这时，如果没有领导的人性“润滑”，团队必将士气低下，状态低迷。员工都死气沉沉，公司还谈什么工作效率?

制度的特征之二是“冷酷”。一味地制度化管理，会让员工把经理、公司、老板与“冷酷”画上等号，员工觉得跟公司之间除了利益关系，别无他求。在这种环境下，员工自然就不会对公司产生归属感。而团队的凝聚力更无从谈起。

在“冷酷”的制度下，若领导没有适时给予下属关怀，有可能招致严重的后果。

2008 年年底，广州白云区某化妆品厂有一名员工纪律性比较差，上班经常迟到，因此他经常遭到厂长的责骂，受到公司的处罚。有一天，这个员工又迟到了，厂长不知怎的，这一天情绪不太好。除了惯常的责骂和处罚外，还特意在车间的黑板上大大地写上这个员工的名字，以作警告。突然，这名员工冷不丁抄起一把水果刀，朝厂长的后背刺去，刚好刺中厂长的后背心。厂长当即被送往医院，遗憾的是，厂长经过抢救最终还是停止了呼吸。

这样的悲剧让人悲痛不已，但它完全是可以避免的。如果这位厂长在处理矛盾时，能多一些耐心，多做一点领导该做的事情：人性化地提前沟通，或者人性化地安抚，人心都是肉长的，下属应该不至于如此鲁莽。这位厂长如果不闹情绪（领导不能轻易情绪化），也不至于激发下属的情绪，下属就不会做出这种大逆不道的失常行为。

### 3. 没有制度的管理，出事找不到责任人

非人性化的管理会让员工感到窒息，甚至酿成难以预料的后果。这是不是意味着管理只要讲人性就可以了？如果只有“人性化领导”，而没有“制度化管理”，后果是：管得了人，却管不了事。

有一位相当精干的厂长，他精力特别充沛，经常半夜十一二点还能召集部属起来开会讨论工作。尽管这样，他的部属们甚至都没有什么怨言的。长期以来，部属们为了配合他的工作，往往心甘情愿地牺牲业余生活。可见，这位厂长的领导力非同寻常。

有一天晚上，他吩咐他的助理出去办事，等到助理回来时，这路上上了哪趟公交车，在哪站下车，要过几条街道……他几乎都能掌控得清清楚楚。可见，这位厂长的掌控力也非同一般。

可能正是由于对自己“超人”的能力的自信，这位厂长却忽视了制度建设。导致的后果是，工厂管理中挂一漏万，问题层出不穷。比如原材料的管理，平时仓库的材料看似堆得严严实实，可是，当一用到某个关键材料时，往往查遍仓库也没有。

原来，仓库管理中缺乏基本的进出仓登记制度。每天的生产计划都安排得满满当当，大伙也忙得不亦乐乎。可是，由于在排单中缺乏灵活应变的机制，总是有些重要客户的货赶不出来，经常遭到投诉……人是管住了，事情却做不出结果，这样的管理能称职吗?

所以，我们要强调：要达到管理的最终结果，或者说要达到管理的最好效果，在实践中，“制度化管理”与“人性化领导”必须并驾齐驱，两者缺一不可。

## 第二节　制度就是管理工具

### 1. 制度高于一切

制度不但能激发团队的战斗力，它还是团队有效战斗力的保证。从现代管理学的角度来看，一个优秀的团队必定是建立在完善的制度之上，而不是建立在领导者的个人魅力之上。虽然领袖魅力对凝聚团队起着重要的作用，但对于那些想要长久发展的团队来说，完善的制度要比领袖更可靠，更容易让人找到做事的方向。

制度就是做事的秩序，也是做事的规则，更是对规则的自觉遵守。当团队成员都发自内心地愿意遵守工作制度时，那么成员之间的相处就会更体贴、更和谐，彼此之间的合作也会变得更加紧密，更加默契。

制度高于一切！它不应该仅仅是一句口号，而应该成为团队一切工作的准则。无论遇到什么样的特殊情况，我们都不应该违反制度，因为它是公司健康成长的保证，也是团队不断成长的保证。只有严格地按制度做事，团队才能保证永续生存。

第二次世界大战末期的一个冬天里，德军全线溃退到一片原始森林中，饥寒交迫，面对皑皑白雪，大家畏缩一团。这时候有一位士兵建议去伐木生火取暖，一群士兵正准备砍伐树木时，有个士兵看见树木的旁边竖立一个警示牌，上面写着“未经相关机构允许，不得砍伐树木”。

士兵们看着警示牌犹豫了，最终大家还是放弃伐木生火取暖想法，继续蹒跚前行，最后，他们无一例外地被冻死。

德国人做事的严谨往往会被讥讽为僵化、愚蠢。德国人真的愚蠢吗？事实显然并非如此。那群德国士兵最后虽然被冻死，但他们用生命捍卫了制度，捍卫了原则。他们知道就算用这些树木能救活很多人，可以有效抵御进攻，可以苟延残喘片刻，但是最后又能怎么样呢？它能拯救一群战败了的士兵，但却会让国家失去健康成长的基础。如果战胜后，人们都效仿他们在特殊事情上进行变通，那社会秩序就会陷入混乱，人们做事就会失去有效的行为准则。其后果的严重性足可以让一个国家走向毁灭。

事实上，正是这种对规则的严格遵守，德国才会有今天的富有，人民才有了今天的安康。也正是这种对原则忠贞的捍卫，才导致德国在满目疮痍的境况下，用短短几十年的时间就又回到了世界强国之列。

任何一个伟大的组织，它的成功必定是建立在对制度的遵守之上的。不遵守制度，永远不可能变得伟大。

### 2. 把制度建立在对人的不信任上

一个合理完善的现代企业制度，它的价值要远远比眼前的十几万元钱重要。这是一个优秀的现代企业必须具备的素质。如果我们靠人情来管理一个企业，那么这个企业离破产就不远了。

西方管理学思想中对人类所做的经济人假设集中体现了这种人性的“恶”——人都是在极力争取自身的经济利益。如果把这种思想作为对人性的完全断定，未免过于功利和偏颇，但是，如果把这种个人对自身利益的追求的“恶”理解为人性的必然部分，它则是非常符合现实的。

既然人都是自利的，都是趋利避害、趋乐避苦的，那么要对人员进行管理，最直接的莫过于用现实的物质利益进行诱导。同样，正是由于人是自利的，就难免为了追求更大的自身利益而去损害他人或公众的利益。

因此，为了维护社会的和谐与正义，就有必要制定完备的规章、制度、法律对人追求个体利益的行为加以约束，对侵犯他人利益的行为加以惩戒——借此威慑管理客体，以防止“恶”的发生。这样，也就形成了西方法理型、制度型的管理文化。

企业管理要想规范有效，就必须把制度建立在人性恶的基础之上，而这正是西方企业的管理成熟而且有效的根本原因。遗憾的是，中国的大多数企业还抱着儒家思想的“人性善”这一观点不放，结果，中国的企业也就普遍出现了人治大于法治的现象。而人治所带来的种种弊端，已经被无数的事实证明。

企业管理既应该对人性中善的一面做积极的引导，也应该对人性中恶的一面做严密的防范。所以，企业管理应该既包括制度方面，也包括道德方面。

制度对人性的回应不仅表现在可以对人性进行引导和防范，还表现在对人性的改造上。当然，制度仅仅在一定程度上可以对人性实现改造。因为经过上百万年的进化、选择、积累，人性中的某些“本性”是很难改变的。在制度无法彻底改变人性的情况下，制度设计者就需要利用人的某些“本性”来引导他们做一些有利于企业的事。这就需要企业管理者的智慧了。

### 3. 制度化管理关键在于“正”

中国人很聪明，但“制度”这个东西（包括制度的设计和遵守）总是搞不好。中国人的人性中，骨子里就蔑视制度，意识里根本就没有制度的概念。

比如红绿灯制度，在中国不少人对红绿灯视若无睹，一到红绿灯口，尽管亮着红灯，只要左看看没有交警，右看看没有电子眼，再看看也没有行人，汽车司机一踩油门就冲过去了。这些人往往还感到很骄傲，茶余饭后经常拿出来炫耀：“我多么有办法，怕谁呀！”

任何组织要治理好，都必须实施制度化管理。制度化管理关键在于“正”，要做到这一点，就有必要遵循以下原则。

（1）制度必须成为大家的共识

制度是什么？它的本质就是集体的契约。制度的出路在于回归“集体契约”的本质，即制度应该是大家的共识。因此，制度只有在充分讨论、协商、说明、吸纳、说服的基础上制定出来，才具有公信力，大家才愿意去遵守。

先期制定的制度，对于后来者，又如何让他们自觉遵守呢？首先是充分地学习、理解，在容易看见的地方张贴，将其公之于众，让成员对制度烂熟于心；其次是反复复习，经常不定期抽查，甚至组织考试，测试员工的掌握程度。

只有反复强调，才能让下属形成记性，只有让下属记住了，他才会去遵守。

（2）制度的制定必须具有弹性

制度的制定必须具有弹性，请看下面这个案例。

曹操出征张绣途中，为安抚民心，便谕村人父老及沿途官吏，曹军“大小将校，凡过麦田，但有践踏者，并皆斩首”。

巧的是曹操正在骑马行军途中，忽田中惊起一鸠，曹操坐骑蹿入麦中，践踏坏了一大块麦田。曹操立即叫来行军主簿，要求议罪，主簿十分为难，曹操却说：“我自己下达的禁令，现在自己违反了，如果不处罚，怎能服众呢?”

这时谋士郭嘉引用《春秋》为其开脱，此时曹操便顺水推舟，说“既《春秋》有‘法不加于尊’之义，吾姑免死”，以剑割下自己一束头发，掷在地上，“割发权代首”。

对于这个案例，我们不应该停留在曹操如何带头执法的浅表层面去分析，而是应该更深层次地看到两点：第一，这个制度明显缺乏弹性，刑罚过重。具备弹性的做法是：应视具体情况处罚，造成损失不大的，照价赔偿；造成较大损失的，三倍赔给老百姓；造成无法弥补损失的，斩首谢罪。然后从肇事者军饷（或俸禄）中扣除。第二，由于在制度上缺乏适当弹性，往往给执行造成难度，不得不通过“执行的弹性”来弥补，而当弹性地执行制度时，必将带来灾难性的后果，后面将谈及。

（3）制度的执行必须具有可操作性

西北某市正在向国家申请卫生城市。2008 年年底，我到该市授课，一早起来，看到《××晨报》头版头条报道：为了配合我市申请国家卫生城市，从今日起，凡是在城市街道随地吐痰者罚款 50 元钱。看完报道后，我一愣：这个制度有可操作性吗?

我们看到任何组织的制度的设定，必须要有可操作性。否则，设了也白设，反倒影响制度的震慑力以及执行力。

#### 4. 制度的执行必须具备刚性

制度是原则，不是用来妥协和谈条件的。它是任何一个组织的“雷区”，是不能触碰，更不能被挑战的。只要是触犯了制度，就必须“违者必究”。我们的祖先给我们做出了榜样。

你知道“三令五申”的典故吗？说的是春秋时期著名军事学家名孙武，他携带自己写的《孙子兵法》去见吴王阖庐。吴王看过之后说：“你的十三篇兵法我都看过了，是不是拿我的军队试试？”孙武说：“可以。”吴王再问：“用妇女来试验可以吗？”孙武说：“也可以。”

于是吴王召集一百八十名宫中美女，请孙武训练。孙武将她们分为两队，用吴王宠爱的两个宫姬为队长，并叫她们每个人都拿着长戟。队伍站好后，孙武便发问：“你们知道怎样向前向后和向左向右转吗？”众女兵说：“知道。”孙武又说：“向前就看我心胸，向左就看我左手，向右就看我右手，向后就看我背后。”众女兵说：“明白了。”

于是孙武使命搬出铁钺（古时杀人用的刑具），三番五次向她们申戒。说完便击鼓发出向右转的号令。怎知众女兵不但没有依令行动，反而哈哈大笑。孙武见状说：“解释不明，交代不清，应该是将官们的过错。”于是又将刚才一番话详尽地再向她们解释一次，再而击鼓发出向左转的号令，众女兵仍然只是大笑。孙武便说：“解释不明，交代不清，是将官的过错。既然交代清楚而不听令，就是队长和士兵的过错了。”说完命左右随从把两个队长推出斩首。

吴王见孙武要斩他的爱姬，急忙派人向孙武讲情，可是孙武说：“我既受命为将军，将在军中，君命有所不受！”遂命左右将两女队长斩了，再命两位排头的为队长。自此以后，众女兵无论是向前向后，向左向右，甚至跪下起立等复杂的动作都认真操练，再不敢儿戏了。

但是，今天的很多管理者，在执行制度中或意识淡薄，或碍于情面，或出于某种担心，普遍缺乏这种刚性。

在管理实践中，尽管一些行为看起来是个别的、轻微的违反制度的行为，但是主管掉以轻心、执行没有刚性，势必“千里之堤，溃于蚁穴”。不及时修好第一扇被打碎玻璃的窗户，就可能会带来无法弥补的损失。

# 第三篇

## 秋·收

## 企业绩效，企之 “果”

# 第七章　薪酬设计

在确定薪酬标准时，要注意加大薪酬的激励因素，与工作绩效挂钩，激励员工的工作动机，营造公平、竞争的氛围。同时应体现出学习激励的功能，促使员工尽力学习，提高自己的技能水平和知识层次。

## 第一节　薪酬设计的十大死局

据调查现在95%的企业薪酬体系是有问题的。员工积极性不高，优秀员工流失率高。很多企业矛盾的根源都在薪酬上。他们的薪酬设计方法是一种伪方法，是不科学的。

当企业的薪酬出现问题的时候，就会降低企业利润，影响企业的发展。

### 1. 提成慢慢增高法

提成慢慢增高法就是提成比例逐渐增高的方法。很多公司提成发放，如表7.1所示。

**表7.1　　提成慢慢增高法**

| 销售额 | 提成比例 |
| --- | --- |
| 10万 | 10% |
| 15万 | 15% |
| 20万 | 20% |
| 25万 | 22% |
| 30万 | 25% |
| …… | …… |
| 100万 | 55% |

这是很值得考虑的。为什么？因为随着企业的发展，销售额会由少到多。员工平均销售额是在15万元左右（提成大约在15%）的时候，公司是有钱赚的。虽然后面有更高的提成标准，但是大部分员工是达不到的。但是随之为了谋求更高的销售额，各种费用也会增加。比如说在广告、消费者的转介绍、客户后期服务等方面。同时公司的销售规模和量会越来越高，几年以后可能会变成30万元的标准（提成在25%）。这样会导致企业的利润空间越来越小。最后企业只有两条路可走：第一，不赚钱；第二，降低薪酬。降低薪酬明显不可行，那就只有降低企业利润了。企业利润越来越低，薪酬比例越来越高，直到某一天，这家企业就不赚钱了。显然，这样的企业不具备战略性和长期性。由此，这种薪酬的体制是不可取的。

我们该怎么做？建议大家：第一，分级不宜超过三级。比如：10万元定一个标准，15万元定一个标准，20万元定一个标准，下面就没有了。但允许适当的奖励。第二，同时提成的比例不宜超过一倍。比如20万元及以上提成是20%就可以了。销售100万元也按20%的提。这样改上述情况就可以得到改善了。

### 2. 经理薪酬一样法

经理薪酬一样法，即一个层级的员工薪酬是一样的。有的企业是这样规定的，如表7.2所示。

**表7.2　经理薪酬一样法**　（单位：元）

| 级别 | 底薪 | 绩效工资 | 通信补助 | 年功工资 | 学历工资 | …… | 总工资 |
|---|---|---|---|---|---|---|---|
| 总经理 | 800 | 8000 | 1000 | …… | …… | …… | 18800 |
| 总监 | 800 | 6000 | 600 | …… | …… | …… | 9600 |
| 经理 | 800 | 4000 | …… | …… | …… | …… | 5400 |
| 主管 | 800 | 1000 | …… | …… | …… | …… | 3200 |
| 员工 | 800 | 0 | …… | …… | …… | …… | 1600 |

这种情况就非常严重。因为针对不同的公司、不同的时期、不同的发展规模，企业部门的重要性是不一样的。如果一家企业刚刚创立，销售部门比较重要；发展的过程中财务部门可能比较重要；到最后可能技术研发部门比

较重要。

但上述情况导致各部门薪酬差不多。这会导致在重要位置上的员工的不平衡，最后会导致企业出大问题。

### 3. 只给经理团队营销奖法

很多公司只给经理团队营销奖，不给个人提成。有的企业这样规定，如表7.3所示。

表7.3　只给经理团队营销奖法

| | |
|---|---|
| 总经理 | 5%（分红） |
| 经理 | 1%（部门提成奖） |
| 业务员 | 10% |

这就出现了好多业务员的收入都比经理高，因为经理的人数多，部门又有限制，而团队中不是所有人都做得很好，所以导致好多经理收入都低于业务员。最后导致经理都不想当经理，想当业务员。

其实有一个重要的概念：在中国的营销中，榜样的作用比管理的作用更大。能够把自己的方法示范给别人，进而创造一个好的团队，才是优秀的经理人。中国的企业还没有达到经理不做业务专门管团队的这个地步，大多数企业还需要榜样的作用。

一个经理不让他做业务，只让他管团队，当然收入会降低，这也抑制了员工升职的动机。所以这种方法也是有问题的。一家企业，尤其是民营的中小型企业，是需要“全民皆兵，上下皆营销”的。

### 4. 目标设定限度提成法

目标设定限度提成法，就是给企业的员工限定目标，达不到目标没有提成。

有的企业公司规定：如果完不成目标的80%，则没有提成。这显然是很有问题的。这会使员工非常紧张，不能展示出良好的才华去做好业绩，会直接影响企业的利润。而人在安全的情况下才会展示出完美的一切。

所以一个企业不是要人为地给营销人员很多限制，而是要给予员工安全感。给员工安全感必须要包含两个要素：第一，合约；第二，案例。针对这种情况我有两点建议：

（1）其实企业需要设目标，设目标才能了解工作进度

但要明白这只是一种激励方式，切忌把它变成一种负面的激励方式。我们可以设定完成 80%，提成 10%；完成 100%，规定超出 80% 的部分按照 12% 提成。继续超额的部分可以按照 13% 提成。

（2）可以用冲刺法

比如说，去年销售额是 1 亿元，提成是 10%，接下来我可以这样做：新年度完成 1 亿元提成 10%，1 亿～1.5 亿元提成 10%，并奖奔驰一台；2 亿元奖一辆奥迪 A8 车；2.5 亿元奖一幢别墅再加 100 万元现金……这样就既给了员工安全感，又给了员工希望。

### 5. 直接固定转绩效

这里包括两种情况。第一种情况是，企业中原来员工工资是 3000 元。改革后，变成了固定工资 1500 元，绩效工资 1500 元。但是绩效考核都达不到 100 分，导致了员工工资减少了。这就是企业高管排斥绩效考核的根本原因。

第二种情况就是有的企业员工工资直接就是 50% 固定工资加 50% 的绩效考核。我们知道，岗位分为业务类、职能管理类、技术类。业务类是看业绩，职能类是看胜任力，技术类是看能力的。岗位特征不一样，工资发放方法也该不同。其实，业务类基本上都是基本工资少，绩效工资特别多，职能类基本上都差不多，技术类基本工资特别多，绩效工资特别少。

### 6. 只有固定薪酬法

只有固定工资就意味着公司没有考核，这明显是不行的，员工不会有积极性。公司是需要考核的，但现在所有的考核没有量化的标准。考核首先要量化三方面。

第一，量化老板，老板的格局有多大，企业就会做多大。

第二，量化文化。

第三，量化组织机构图。就是看企业规模想做多大，团队想建多大，以及职权怎样分配。

### 7. 年度年功工资法

年度年功工资法就是企业逐年给所有的员工涨工资，比如每年涨 100 元。

最初员工工资是 800 元，十年后是 1800 元。导致拿 800 元的员工和 1800 元的员工干着同样的工作。随着公司年限的增长，企业的负担会越来越大，最后甚至会亏损。

有两种解决办法：

第一种，直接把企业员工分为五级：试工；非考核；考核；优秀；明星。工资分别是 800 元、1000 元、1200 元、1400 元、1600 元。这样最大的好处就是：同样招五名员工，由于本身能力不同，工资也会不同。这就解决了涨工资的问题。

第二种，把年功工资分为五年发放：第一年 200 元，第二年 100 元，第三年 50 元，第四年 40 元，第五年 20 元，五年后没有。即逐渐递减法，这样也可以解决这个问题。

### 8. 老总限薪强压法

有的公司直接规定：董事长工资 3000 元，总经理工资 2800 元。这样就再也没员工工资能超过这一水平了。导致企业员工总体工资水平偏低，当然不能吸纳优秀人才。

### 9. 个体另给红包法

个体另给红包法，就是单独给个别人红包。

薪酬是满足人们心理需求的一种计算方式。一个员工拼命工作的时候不是他拿到钱的时候，而是他快拿到钱的时候。所以年底给员工发多少红包，员工在此之前并不知道，也就是不在他的计算范围内，并不能起到薪酬的激励作用。最好是预先公布薪酬制度，让员工自己去做计算。所以在不可预测的情况下偷偷给某个人红包是不明智的。

### 10. 年底才给红包法

年底才给红包法，即只有年底才有红包。

假设公司员工平时工资就 2000 元，年底的时候给 7 万元。员工对自己的薪酬不具备判断：今年 7 万元，明年企业效益不好了可能就变成 1 万元，后年企业效益好了可能变成 15 万元。这样也没有激励作用。

“用人所长，天下尽可用之才，用人所短，天下无可用之人，用人所长必容人所短”，作为老板，要去激活团队，而不是抱怨没有人才，员工无能。邓小平说：“好的机制，可以使坏人变好；坏的机制，可以使好人变坏。”企业最大的成本，不是没有经过培训的员工，是不懂系统的老板。

## 第二节　薪酬设计基础

### 1. 企业中岗位的分类

海氏（Hay Group）三要素评估法是国际上使用最广泛的一种岗位评估方法。据统计，世界500强企业中有1/3以上的企业在岗位评估时都采用了海氏三要素评估法。它通过三个方面对岗位的价值进行评估，并且通过较为正确的分值计算确定岗位的等级。

海氏三要素评估法，如图7.1所示：

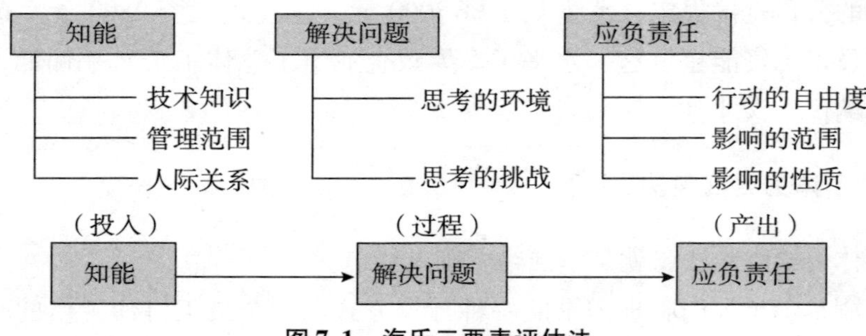


**图7.1　海氏三要素评估法**

图7.1表示的就是海氏评估的三要素及其关系。根据岗位评估，将企业中的工作岗位分为以下三类：

（1）“上山”型

此岗位的责任比知能与解决问题的能力重要。如公司总裁、销售经理、负责生产的干部等。

（2）“平路”型

知能和解决问题能力在此类职务中与责任并重，平分秋色。如会计、人事等职能干部。

（3）“下山”型

此类岗位的职责不及职能与解决问题能力重要。如科研开发、市场分析干部等。

### 2. 薪酬的概念与构成

薪酬制度是指用人单位为激励各类劳动者，采取各种手段向其支付多种形式报酬的有关规范、标准、方法的总称。也常称工资制度，是指与工资决定和工资分配相关的一系列原则、标准和方法。薪酬一般由基本工资、岗位工资、绩效工资、工龄工资、福利、奖金六部分构成。

薪酬的构成如图 7. 2 所示。

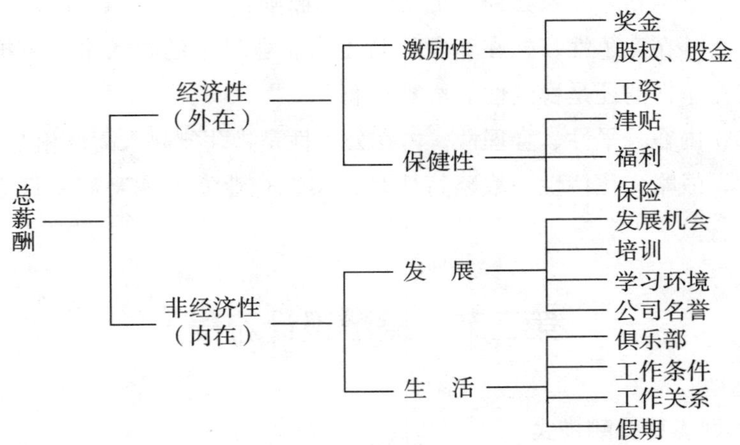


**图 7. 2　薪酬的构成**

### 3. 薪酬分配的根本目的和重要性

薪酬分配的目的绝不是简单地“分蛋糕”，而是通过“分蛋糕”使得企业今后的“蛋糕”做得更大。价值分配不仅是一项技术工作，它更是一种战略思考。

因此，在设计薪酬体系时，必须弄清楚其根本目的，而不是局限于解决企业眼前的薪酬问题和人力资源部的专业工作，否则，虽然眼前的问题暂时解决了，薪酬制度也建立起来了，但新的问题一旦出现，薪酬制度又无法适应，甚至会阻碍企业的发展。另外，如果经常变动企业的薪酬制度必然会给企业带来震荡，甚至引发一系列的问题，给企业带来灾难。

从根本上思考，企业的薪酬分配的根本目的和重要性主要体现在以下几个方面：

（1）薪酬分配必须促进企业的可持续发展。

（2）薪酬分配必须强化企业的核心价值观。

（3）薪酬分配有利于培育和增强企业的核心竞争能力。

（4）薪酬分配有利于吸引和留住企业的核心、关键人才。

（5）薪酬分配有利于营造响应变革和实施变革的文化等。

### 4. 薪酬设计的原则

一个科学的薪酬体系必须满足三个基本原则：

第一，外在竞争性，外在竞争性就是指企业员工的收入水平依据战略要求是具有竞争性的还是稳定性的薪酬水准。

第二，内在公平性、合理性，内在公平性是指薪酬收入高低相对公平。

第三，战略文化特性，战略特性是指结合企业发展战略需要订立的企业薪酬政策。

## 第三节　薪酬设计流程

### 1. 不同类型薪酬模式

企业采用何种薪酬管理模式应充分考虑企业所处的发展阶段、企业的发展战略、企业所在的行业和地区以及企业人才选聘情况、绩效考核等基础管理制度的科学化情况等。企业须根据各种权变因素动态调整薪酬管理模式。三种基本的薪酬管理模式如表7.4所示。

表7.4　三种薪酬模式的比较表

| | 高弹性薪酬模型 | 调和性薪酬模型 | 高稳定薪酬模型 |
|---|---|---|---|
| 特点 | 绩效薪酬是薪酬结构的主要组成部分，基本薪酬等处于非常次要的地位，所占的比例非常低（甚至为零） | 绩效薪酬和基本薪酬各占一定比例 | 基本薪酬是薪酬结构的主要组成部分，绩效薪酬等处于非常次要的地位，所占的比例非常低（甚至为零） |

续 表

| | 高弹性薪酬模型 | 调和性薪酬模型 | 高稳定薪酬模型 |
|---|---|---|---|
| 优点 | 对员工的激励性很强，员工的薪酬完全依赖于其工作绩效的好坏 | 对员工既有激励性又有安全感 | 员工收入波动很小，员工安全感很强 |
| 缺点 | 员工收入波动很大，员工缺乏安全感及保障 | 必须制定科学合理的薪酬系统 | 缺乏激励功能，容易导致员工懒惰 |

### 2. 薪酬设计的基本方法

薪酬设计无外乎固定工资 + 浮动工资，而固定工资一般表现为基本工资，浮动工资一般表现为绩效工资。对于基本工资和绩效工资占多少比例，要根据每个公司业务和发展阶段及企业文化、人才类型的特点而定。

一般可以参照：

普通员工：基本工资和绩效奖金的比例分别为 80% 和 20%；

中基层管理：基本工资和绩效奖金的比例分别为 70% 和 30%；

高层管理：基本工资和绩效奖金的比例分别为 60% 和 40%；

销售人员：基层比绩效工资（佣金、奖金等）占 60% 以上，中层和高层绩效工资的比例要低一些；

技术人员：基本工资 + 绩效工资 + 项目奖金的方式，一般前两者基本工资比例要大些，后者额度要大些。

### 3. 薪酬设计的基本步骤

要设计出合理科学的薪酬体系和薪酬制度，一般要经历以下几个步骤。

第一步：职位分析，职位分析是确定薪酬的基础。

第二步：职位评价，职位评价（职位评估）重在解决薪酬的对内公平性问题。

第三步：薪酬调查，薪酬调查重在解决薪酬的对外竞争力问题。

第四步：薪酬定位，在分析同行业的薪酬数据后，需要做的是根据企业状况选用不同的薪酬水平。

第五步：薪酬结构设计，报酬观反映了企业的分配哲学，即依据什么原则确定员工的薪酬。

第六步：薪酬体系的实施和修正，在确定薪酬调整比例时，要对总体薪酬水平做出准确的预算，大多数企业是财务部门在做此测算。

#### 4. 薪酬设计的注意事项

(1) 结合企业实际，科学地确定管理岗位在薪酬分级中的地位

许多企业在设计薪酬时，把管理岗位作为最重要的薪酬分级依据，为了获得高薪，人们都希望能挤上管理的独木桥，但是毕竟管理岗位是有限的，更多的是专业技术岗位，尤其是在科技型企业中，单纯采用以行政级别来确定各人的薪酬，容易导致高技术水平的专业技术人员由于职业发展瓶颈的限制，而转向自己并不擅长的管理岗位以求获得高薪，或者干脆以跳槽实现自身价值的更高体现。因此，在设计薪酬时要充分考虑影响企业生产率的各种因素，降低管理岗位在薪酬分级中的重要程度。

(2) 避免平均主义

有些企业的工资单元很多，但是每个单元各种类别人员的差别很小，尤其是各人均等的基本薪酬，以至于每个人的薪酬总额相差无几；或福利所占比重很大，这是一种变相的平均主义。平均主义的最大缺点是缺乏激励，会挫伤一部分能力强、绩效高的员工的积极性，导致的结果是他们减少自己的工作投入或跳槽。因此，设计薪酬时要突出重要薪酬因素。

(3) 薪酬结构过于复杂

影响薪酬水平的因素很多，在设计薪酬系统时把所有因素都考虑在内是不现实的，也是完全没有必要的，甚至会适得其反。有的薪酬系统有多个工资单元，每一个单元都设有几个不同等级标准，看起来这样的薪酬系统考虑得全面，但实际上选择太多等于没有选择，一个试图激励所有人的系统等于没有激励任何一个人。

(4) 奖金和福利计划缺乏弹性

奖金和福利计划缺乏弹性，没有随着员工的业绩和能力进行动态变化，容易在员工中形成消极观念，这种定期的一成不变的奖金和奖励缺乏竞争性和公平性，对员工起不到激励作用，甚至会引起员工的不满情绪。

(5) 薪酬支付缺乏透明性、公开性

很多企业都实行薪金保密制度，任何员工都不知道其他人的薪酬水平，

保密的薪酬制度之所以在企业盛行，是因为它可以给管理者和员工都减少麻烦，而且还有助于企业能够以较低的人力成本雇用员工。但是保密薪酬支付只会引起员工的好奇心而四处打探，导致员工之间的互相猜测和怀疑，从而产生不满情绪；而且薪酬制度不透明，员工心中缺乏一个客观公正的尺度去衡量付出和所得的公正性。企业进入成熟期后的薪酬福利设计，应该更加注重将分配制度、员工激励和留住人才紧密地结合起来。与此同时，还要将各分配制度与企业倡导的业绩文化相结合。

# 第八章　价值考核

价值是指企业中每位成员的贡献值，从做人和做事两个方面来衡量，管理中有一个原则："如果你不能描述，你就无法衡量；如果你不能衡量，你就无法管理。"这一原则同样适用于每一个人。

如果我们只是用定性的方式而不是定量的方式去看待自己的工作，就无法正确地评估自己的业绩。因为没有定量就没有比较，没有比较就没有好坏高低。当然，因为没有"定量"分析，我们也无法发现自己工作中的哪些方面需要改进，从而也就无法进一步地提高自己的工作业绩。

## 第一节　绩效考核的误区

### 1. 绩效管理害死索尼

企业绩效管理是对企业整体绩效、部门绩效、员工绩效等进行系统考核、评估、诊断以及持续改进的管理过程。绩效管理是包括绩效目标设定、绩效考核、绩效评估、绩效诊断、绩效改进、绩效沟通辅导、绩效激励等在内的一个完整的系统性管理循环过程。绩效管理过程，既是对员工、管理者的检验过程，还是对公司战略、管理体制的检验过程。

绩效管理的七个方面，如下图所示。

如果把绩效考核理解为全部的管理，把绩效考核当成调动员工积极性的唯一手段，那么绩效管理就会导致公司走入误区。一些机械的、呆板的绩效考核，比如过于纠缠细节，过分强调过程和形式，没有很好体现结果导向，主观评价、判断与客观事实依据混淆不分，等等，是对创造力、工作激情的伤害。

20 世纪 90 年代中期之后，索尼引入美国式的绩效主义，扼杀了索尼

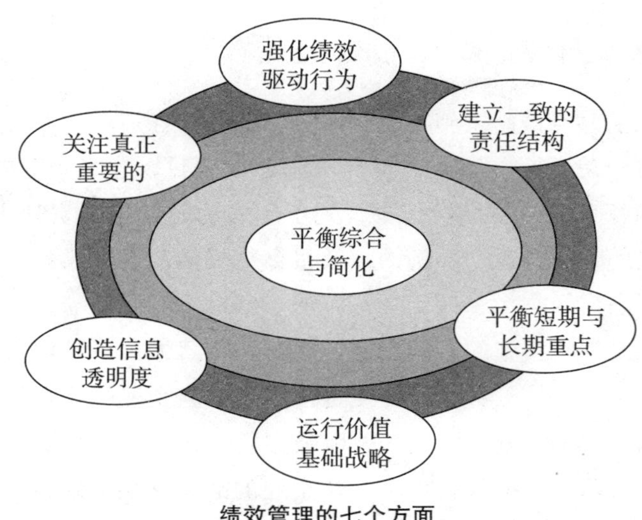


**绩效管理的七个方面**

> 的创新精神，最终导致索尼在数字时代的失败。所谓绩效主义，指的是业务成果和金钱报酬直接挂钩，也就是我们中国企业再熟悉不过的“绩效薪酬制度”。
>
> 因为要考核业绩，几乎所有人都提出容易实现的低目标，可以说索尼精神的核心即“挑战精神”消失了。因实行绩效主义，索尼公司内追求眼前利益的风气蔓延。
>
> 因实行绩效主义，职工逐渐失去工作热情。在这种情况下是无法产生“激情集团”的。为衡量业绩，首先必须把各种工作要素量化，但是工作是无法简单量化的。公司为统计业绩，花费了大量的精力和时间，而在真正的工作上却敷衍了事，出现了本末倒置的倾向。
>
> 索尼公司不仅对每个人进行考核，还对每个业务部门进行经济考核，由此决定整个业务部门的报酬。最后导致的结果是，业务部门相互拆台，都想方设法从公司的整体利益中为本部门多捞取好处。

不论是在什么时代，也不论是在哪个国家，企业都应该注重员工的主观能动性，这也正是索尼在创立公司的宗旨中强调的“自由、豁达、愉快”。今天的索尼已经没有了向新目标挑战的“体力”，同时也失去了把新技术拿出来让社会检验的胆识，而绩效考核制度正是导致这一切的元凶。

### 2. 绩效管理让做人、做事考核难两全

（1）绩效管理与战略实施相脱节

一家企业正在进行一项人力资源机制建设项目，这家企业的负责人说，每年他都要和各个部门签订责任书，到了年底的时候根据责任书兑现奖金。每年到了年底的时候，各个部门的绩效目标完成情况都非常好，但是公司整体的绩效并不是很好。

绩效管理是战略实施的有效工具，战略能否落地最终是体现在目标能否层层分解落实到每位员工身上，促使每位员工都为企业战略目标的实现承担责任。战略稀释现象的发生，究其原因最主要的还是绩效目标的分解存在问题。各部门、各职位的绩效目标不是从企业的战略逐层分解得到的，而是根据各自的工作内容提出的。绩效管理与战略的实施发生了脱节现象，不能够引导所有员工趋向组织的目标。

（2）绩效管理仅仅被视为一种专业技术

在国内企业中，经常可以发现企业员工对于考核的态度是非常不认真的。考核在许多企业或者部门是流于形式的，是停留在纸面上的，人力资源部门费尽力气制订考核制度，希望通过考核工作能够区分出员工工作业绩的优劣，能够引导员工改进工作作风和工作方法；但是往往事与愿违，考核结果出来大家都是差不多的，而且考核结果好与坏对于员工个人没有任何影响。

绩效管理作为有效的管理工具，必须是与人力资源管理系统中的其他业务板块相互配合才能发挥真正的作用，单纯将绩效管理作为一种专业的技术，认为掌握或提高了这项技术的操作能力就能够实现绩效管理的目的的想法是错误的。

人力资源管理系统是由任职资格、绩效管理、薪酬管理、培训管理等多个业务板块共同构成的，绩效管理必须是基于任职资格制度，对员工的工作绩效以及适应岗位要求的能力进行的综合评价，这种评价结果将应用于价值分配，以及后续培训、岗位晋升等方面。整个系统有机的协同才能对员工起到正向或者负向的激励作用。

（3）绩效管理的目的不明确

一家国内大型企业人力资源部门的绩效管理制度就是一种奖金分配制度。

制度中非常明确地规定了每一项工作的奖励或者扣罚的金额或者尺度，各个下属部门也都相应地制订了更为精细的奖励或者扣罚规定。

每个月末，员工也没有考核表格，而是由各自单位的统计人员将所有涉及员工的奖励或者扣罚金额进行汇总，然后根据员工每月固定的奖金基数算出员工当月的奖金数，员工只有在拿到奖金以后，根据奖金数额的变化判断领导对于自己本月工作的评价。

当奖金数额没有发生变化的时候，也就是说当员工本月没有被奖励或者惩罚时，员工根本无从判断自己的绩效究竟如何，在企业中处于什么位置，应该在哪些问题上注意改进。

不同的目的决定了不同的考核形式，绩效管理的核心目的只有两个：通过绩效评价为价值分配提供依据；作为管理的工具寻找出企业经营的短板所在，并不断改进。我们只有对考核的目的进行明确的定位，才能有的放矢地设计相应的评价办法和制度。给予考核太多的期望，指望考核是“可治百病的良方”，结果只能是“期望越高，失望越高”。

（4）绩效管理是所有管理者的管理责任

目前在许多企业中，绩效管理工作总是得不到各级主管的重视，一提起考核工作，主管们就会认为这应当是人力资源部门的事情，与业务没有什么关系。作为管理者应当承担的主要责任是对下属的绩效提高、下属的能力提升负责。

管理者必须通过绩效管理这一有效的管理工具，引导员工努力实现绩效目标，并为这一目标的实现提供支持和指导。要意识到保证下属成功是管理者的责任。

（5）组织绩效、团队绩效、个体绩效之间存在差异

在企业中我们经常会发现，在有些团队中员工个人的业绩都非常好，而团队整体的业绩存在问题，或者是几个业绩非常优秀的人员组成的团队往往业绩一般，也就是说组织绩效与个体绩效之间有差异，组织绩效、团队绩效和个人绩效没有能够有机地衔接在一起。这种现象实际上是由组织绩效、团队绩效和个体绩效三者不同的性质决定的。

个体绩效主要考察的是员工达成目标/结果的方法是否达到职业化行为的标准、是否在按照职业化工作程序做正确的事情；团队绩效则主要是由团队合作的程度所决定和形成的，团队建设、跨团队跨职能合作、知识经验共享、

学习型组织的建立是团队高绩效的决定因素。

企业文化和共同愿景则将个体、团队与组织的绩效有机的契合，最终实现组织的战略目标。

（6）绩效管理的指标没有重点

在我们进行过咨询辅导的企业中，有不少的企业的考核指标设计得非常复杂，素质指标、能力指标等都包括在绩效考核的指标体系内。

在实践中，很多企业都在力求指标体系的全面和完整。绩效考核指标包括了安全指标、质量指标、生产指标、设备指标、政工指标等，不同的专业管理线独立管理着一套指标，指标可谓是做到了面面俱到。

但事实上，作为绩效管理应该是抓住关键业绩指标（KPI）进行管理，而指标之间是相关的，通过抓住关键业绩指标将员工的行为引向组织目标的方向，因此，应当通过建立 KPI 指标体系将绩效管理与员工的业绩结合在一起，引导员工的行为趋向组织的战略目标。

（7）一套指标无法对所有员工产生牵引作用

一些企业有些部门的员工对于公司的绩效考核制度认可程度非常高，认为公司的绩效考核制度是比较适合企业实际情况的，考核的信度和效度也是比较高的；而另外一些部门的员工则对于企业的考核制度非常抵触，认为用公司规定的制度根本就无法进行考核。

人力资源部门的人员也感到非常委屈，强调没有办法平衡各个部门的要求。现在企业中随着知识含量的增加，工作的个性化越来越明显，对于不同的劳动特点，绩效结果的表达方式必然也是不同的。

如果企业还是抱着平均统一的思想来处理人力资源工作，肯定是行不通的。企业的人力资源部门必须要树立市场意识和客户意识，必须要能够为企业内不同工作性质的员工提供不同的人力资源产品，包括考核指标。只有这样，才能真正适应企业内所有部门、员工的要求，才能真正满足企业人力资本增值的要求。

（8）如何避免员工追求短期绩效、忽视长期绩效

一家企业对他们的销售人员的考核非常简单，就是以完成的销售量，按每单件计奖的，员工为了完成企业的销售指标采取了各种各样的做法，但是基本都是短期的行为，几乎很少有人考虑长期的市场培育，给企业的后续发展带来了很多的问题。美国的安然公司也是由于过于追求业绩而忽视了企业

的安全，最终导致了安然的破产。

传统的财务指标只能反映企业的短期绩效，不能反映长期绩效；只能反映最终结果，不能反映关键过程；只从财务角度度量绩效，而没有从客户角度度量绩效；不能明确地将企业战略转化成为内部过程和活动。

采用单一的财务指标进行绩效评价，过于强调股东的价值取向，偏重短期利益，势必会引发公司经营管理者和员工的行为短期化。

因此必须在企业内建立起包括财务指标、客户指标、内部运营指标和员工发展指标在内的综合绩效指标体系，通过四个方面指标之间相互驱动的因果关系实现绩效考核、绩效改进以及战略实施、战略修正的目标，将企业的长期绩效和短期绩效协调在一起。

(9) 绩效管理成为奖金分配的手段

有的企业没有完整的绩效管理制度，人力资源部门提供给我们的仅仅是奖金分配制度。制度中非常明确地规定了每一项工作的奖励或者扣罚的金额或者尺度，各个下属部门也都相应地制订了更为精细的奖励或者扣罚规定。

在很多企业中都会出现这样的问题，绩效考核的结果必须是要和激励结合在一起才能发挥出它对员工的牵引作用，这一点是毋庸置疑的。但是绩效管理作为人力资源管理系统中的关键环节，绝不是奖金的细分手段，绩效结果应用于物质激励，仅仅是绩效结果应用的一个部分，并不是绩效管理的手段和全部。

(10) 忽视员工的参与

在许多企业中员工对于绩效管理制度最大的意见就是不了解，许多员工反映不知道公司的考核是怎样进行的，考核指标是如何得出的，考核结果是什么，考核结果究竟有什么用处，等等；至于说自己在工作中存在哪些问题，而这些问题又是由什么原因造成的，应该如何改进，等等，就更无从得知了。

绩效管理的关键作用就是员工绩效的不断提升和技能的不断提高；作为绩效管理的主体之一，我们强调员工在绩效计划、绩效辅导以及绩效评价和反馈的全程参与，强调绩效管理是一种管理方法，是指导员工和主管通过承诺共同完成绩效的管理工具。

## 第二节　从绩效考核到价值量化

### 1. 价值量化就是全方位激励

价值量化是一种员工评估制度，它是通过系统的方法、原理来评定和测量员工在职务上的工作行为和工作成果。绩效评估是管理者与员工之间的一项管理沟通活动。价值量化的结果可以直接影响到薪酬调整、奖金发放及职务升降等诸多员工的切身利益。

虽然价值量化很重要，很多管理者也希望通过这种方式来影响员工的薪酬分配，可是很多管理者随即就发现了一个问题：如何着手进行呢？

其实对于价值量化而言，是有一些现成的方法的，各种方法之间的侧重点不同，优缺点也不同，所面对的企业、员工类型也不同。如果没有合理的应用，同样会给企业带来一些不良的影响。

某超市为了提高销售业绩，一改原来的岗位工资制，开始实行“底薪＋绩效工资”的薪酬分配制度。刚开始，超市负责人觉得只要实行了这种工资制度，超市销售额就会上去，可事实上并没有出现这种情况。相反，实行了这种薪酬分配制度之后，员工的积极性不但没有得到提高，反而大家开始有了怨言。原因就是实行了新的薪酬分配制度之后，不公平性更加凸显了出来。

举个很简单的例子：某些员工为了达到自己的业绩，根本不会花时间去理货、清点货物等工作，从而很容易发生货物脱销、积压等。很显然，这些工作肯定需要有人去做，员工 A 不去做的话，员工 B 就得去做，那么很显然，员工 B 的业绩就会受到影响，薪酬同样会受到影响。可是员工 B 却很冤枉：自己根本就没有偷懒，为什么不给自己算业绩呢？难道理货、清点货物就不是工作吗？

渐渐地，这种矛盾开始尖锐起来，很多员工因此而离职。可惜的是这没有引起超市负责人足够的重视，等到这种矛盾大面积爆发的时候，超市的销售自然而然受到了影响。

以上案例中超市所遇到的情况其实就是实行价值量化过程中出现的问题：

单纯地以业绩为导向，忽视了人的价值。那么价值量化有哪几种类型，各种类型之间又有什么优缺点呢？下面不妨一一道来。

（1）效果主导型

效果主导型又叫结果主导型。即考评的内容以考评结果为主，实行结果导向的认定方法。效果主导型着眼于“干出了什么”，重点在结果而不是行为，它考评的是工作业绩而不是工作效率。

优点：标准容易制定，并且容易操作。目标管理考评办法就是该类考评。

缺点：具有短期性和表现性的缺点，对具体生产操作的员工较适合，但对事务性人员不适合。

（2）品质主导型

所谓品质主导型，顾名思义，其考核的内容以考评员工在工作中表现出来的品质为主，着眼于“他怎么干”。

优点：有利于员工对工作品质的把握，适合于对员工工作潜力、工作精神及沟通能力的考评。

缺点：由于其考评需要如忠诚、可靠、主动、有创新、有自信、有协助精神等，所以很难具体掌握。另外，操作性与效度较差。

（3）行为主导型

所谓行为主导型，顾名思义，其考核的内容以考评员工的工作行为为主，着眼于员工“如何干”和“干什么”，重在工作过程。

优点：考评的标准容易确定，操作型强，适合于管理性、事务性工作的考评。

缺点：过于关注行为，不注重过程和结果，容易引起这两方面的失误。

### 2. 如何做好做人、做事的量化

企业只强调忙着做事的文化最后一定会后悔。价值量化非常注重对员工做人和做事的量化，最好的人才当然是德才兼备，也就是说，既会做人，又会做事。但德才永远都只是相对的，如果德才都非常糟糕，当然坚决不用。能力很强，德行差一点的，就不一定做管理工作，可以让他做自己擅长的事情。德行好，能力差一点，可以相对多做一些协调工作，因为大家会更信任他，而他可能也善于听取意见。

企业的竞争最终是人才的竞争，企业用人，“才”是不可或缺的，因此，许多企业老板在用人的时候，往往把一个人的才能放在了重要位置。“人才就是财富”“有才就有一切”成了许多老板选拔人才的唯一标准。

通常来说，一个人的技能不足，可以通过学习提升，但如果这个人的人品有问题，却很难改变。因为一个人的人品是从小养成的。人们在不同的环境成长，会形成不同的人品素质。这是一种根深蒂固的思维模式和行为习惯，如果没有大的变故，一个人很难改变自己的人品。在企业里面，人品不好但能力很强的人，通常职位越高，给公司带来的危险就会越大。所以，有才无德的人在任何公司里面都不应该得到重用。

在用人“德”和“才”的取舍上，一直存在着先后之争。有一种说法：治乱世时，需要“才”先；而在和平之时则需“德”先。在某种意义上，这种说法有一定道理，但它总是让人感到有失偏颇。因为“德”是根本、是长远，并非应急时就能造就的。“德”好比方向盘，“才”犹如发动机。无德之才，犹如失去方向盘的汽车，会误入歧途，而发动机马力越大，其危害越烈。

翻开历史，有“才”而无“德”的人往往不是一事无成，就是身败名裂。如宋朝的蔡京、秦桧以及明朝的严嵩，这三个人都是中国历史上有名的奸臣，但同时，这三个人也都是非常有才之人——如果他们真的是脓包糊涂蛋，是不可能做到那么高的位置的。

我们到这个世界上不是来工作的，我们是来享受人生的，我们是来做人，不是做事。如果一辈子都做事的话，忘了做人，将来一定会后悔。

### 3. 团队绩效与个体目标统一

成功的团队能够使其成员共同为团队的目的、目标、方式努力，从而解决单个人无法完成的任务，因此团队中最显著的标志是集体绩效，而且这种绩效往往是单个人无法独立完成的。

团队存在的最直接原因是联合更多的力量来解决单个人无法解决的问题。大多数的团队是由不同年龄、不同背景、不同专业的成员组织起来的：各尽所长，又互相合作，使团队发挥出协同效应。

（1）团队成员的差异性

一个差异性极强的团队会因为价值观、立场、视角以及专业背景等方面的不同，在共事当中产生很多差异。这些冲突本身不是坏事，一定程度上，一个团队里有不同的声音，可以激发灵感，增强团队的创新性和灵活性。但是不管冲突是良性的还是恶性的，其冲突水平一旦超过一定标准，到了不可调和的地步，最终将会导致对立，同时也会导致内部分裂、各行其是的不合作局面。

在团队激励中，将物质奖励与整个团队的绩效目标挂钩，可以把团队共同的目标转变为具体的、可衡量的、现实可行的绩效目标，从而提高团队的合作水平，减少恶性冲突、充分利用良性冲突，也能达到明确团队共同目标的作用。

在现阶段，物质奖励是大多数员工的主要需求，物质激励对人们的制约力和引导力非常强。

（2）员工“短板效应”

物质激励解决了团队协同一致的难题，但是还有一个问题，当群体承担责任（类似于人们常说的“吃大锅饭”）时，必定会出现有人窝工、磨洋工的现象，导致整个团队陷入“短板效应”的困顿中。

此时问题的关键其实在于如何激发员工内在的激情。未来管理者最重要的是，须做到不花费任何成本的情况下，去激励、引爆员工潜力。

尽量让员工做自己感兴趣的事；

让沟通畅通无阻；

通过参与决策获得凝聚力；

通过授权使员工有成就感；

给员工提供学习和成长的机会；

让员工融入企业文化中。

（3）个人绩效与团队绩效的统一

在团队的考核体系上，应当更多地将团队成员的物质奖励与集体绩效挂钩，而将精神奖励与团队成员的个体目标挂钩。

前者是出于塑造团队的凝聚力、提升团队合作性的目的，而后者是出于激发和保持团队工作热情、积极性的考虑。

# 第九章 财务管理

大部分总经理一般是业务或技术出身，普遍存在重销售、轻财务的现象。但是财务管理是确保公司正常运营的基础和核心，总经理是公司经营管理的执行者，他不仅要精通业务，善于管理，更要具备一定的财务知识。对财务知识的把握有助于提升总经理财务意识和理财智慧，企业财务的规范和运作更需要总经理的支持和参与。只有打好财务这张牌，企业才能在未来资源竞争中立于不败之地。

## 第一节 财务报表就是公司的体检表

财务报表是中小企业财务报告的核心，主要包括基本财务报表及附注，如资产负债表、利润表、现金流量表、所有者权益变动表等。各种财务报表的内容既相互区别，又相互补充，相互衔接，构成了一个完整地反映中小企业财务状况、经营成果、现金流量的指标体系，全面系统地揭示中小企业的经营状况。

下面看一个案例：

美国W公司长期进口钢制民用门，随着销售额的日趋扩大，拟在中国投资建厂以降低成本。通过联系，他们找到南昌A门业公司，双方商定共出资200万美元（中方出资50万美元，外方出资150万美元）成立合资公司，产品全部用于出口欧美市场。

中方为表示诚意，提出将自己拥有的位于郊区的、从事国内门业生产和销售的H公司无偿赠送给未来的合资公司，并提出中国国内门业市场巨大，进一步开拓国内市场或能成为公司未来利润的另一个增长点。H公司有着十多年的经营历史，有自己的销售网络，拥有房产和土地等资产，生产的国内门品牌在当地具有一定的市场知名度，未来发展潜力应当不错。

这时，美国W公司的财务顾问提出，需要对H公司的财务状况进行审查。H公司财务报表显示，房产和土地等按市场价值计算后，公司资产总额5000万元，其中应收账款2000万元，估计坏账率为60%；负债为7500万元，所有者权益为-2500万元。公司实际资不抵债。即使再入资2000万元，其对合资公司的贡献也为零，盘活H公司亦存在安置员工等诸多困难。

原来，H公司只是一个“烫手的山芋”！W公司最后决定谢绝这种赠送。

“白送资产”乍看起来，好像是天上掉馅饼的好事，其实看一看公司的财务报表，就知道这是一个“烫手的山芋”。投资决策时，投资人不可能长期入住被投资企业进行深入了解，而分析财务报表就是投资人读懂企业最有效、最简洁的方式。同时，企业的经营者也可以通过财务报表全面了解自己的企业，发现企业存在的问题，及时调整经营政策，以做到“知己知彼，百战不殆”！

具体来说，财务报表有以下作用：

第一，有助于使用者了解企业的财务状况、经营成果和现金流量。比如，财务报表的信息是债权人（银行、担保公司）判断企业偿债能力，市场投资风险的重要依据。

第二，有助于中小企业的管理层进行宏观决策。

第三，有助于中小企业的管理层发现、解决企业存在的问题。

从财务报表的作用我们可以看出，财务报表就是公司的体检表，使用者可以根据财务报表看出企业的经营情况。

### 1. 资产负债表

资产负债表是反映企业在某一特定日期（如月末、季末、年末）全部资产、负债和所有者权益情况的会计报表，是企业经营活动的静态体现，根据“资产＝负债＋所有者权益”这一平衡公式，依照一定的分类标准和一定的次序，将某一特定日期的资产、负债、所有者权益的具体项目予以适当的排列编制而成。

财务报表中，有以下三大要素：

（1）资产

资产是指过去的交易或事项形成的并由企业拥有或控制的资源，该资源预期会给企业带来经济利益。资产的核心是预期未来会带来经济利益流入企业，资产具有以下特征：

第一，资产预期能够给企业带来经济利益，所谓经济利益是指直接或间接地流入企业的现金或现金等价物。

第二，资产是企业所拥有或控制的资源，企业拥有即所有权归属企业，而企业控制是指由企业支配使用而不归其所有，资产尽管有不同的来源渠道，可是一旦进入企业并成为企业资产（拥有或控制），置于企业的控制之下，便成为企业可以自主经营和运用、处置的资源。

第三，资产是由过去的交易或事项形成的。资产按其流动性可分为流动资产、长期投资、固定资产、无形资产及其他资产。

（2）负债

负债是由过去的交易或事项形成的现实义务，履行该义务预期会导致经济利益流出企业。如果把资产理解为企业的权利，那么负债就可以理解为企业所承担的义务。

企业的负债有如下特点：

第一，负债是企业承担的现实义务。

第二，负债是由过去的交易或事项形成的。

第三，履行该义务预期会导致经济利益流出企业。

（3）所有者权益

所有者权益是所有者在企业资产中享有的经济利益，其余额为资产减去负债后的余额，又称之为净资产。

所有者权益的特点如下：

第一，除非发生减资、清算，企业不需要偿还所有者权益。

第二，企业清算时，负债往往优先偿还，而所有者权益只有在清偿完所有的负债后才返回给所有者。

第三，所有者凭借所有者权益能够参与到利润的分配，而债权人则不能参与。

所有者权益在性质上体现为对企业资产的剩余利益，在数量上等于资产减去负债的余额。所有者权益包括企业投资人对企业的投入资本，以及形成的资本公积金、盈余公积金和未分配利润等。其中盈余公积金和未分配利润又称为留存收益。

资产负债表是非常重要的财务报表，表现了企业的经营状况。资产负债表主要包含了报表左边算式的资产部分与右边算式的负债与股东权益部分。资产负债表的格式如表 9.1 所示。

**表 9.1** **资产负债表**

| 会企 01 表 | | | | | |
|---|---|---|---|---|---|
| 编制单位：××有限公司 | | 20××年×月×日 | | 单位：元 | |
| 资　产 | 期末余额 | 年初余额 | 负债和所有者权益（或股东权益） | 期末余额 | 年初余额 |
| 流动资产： | | | 流动负债： | | |
| 货币资金 | | | 短期借款 | | |
| 交易性金融资产 | | | 交易性金融负债 | | |
| 应收票据 | | | 应付票据 | | |
| 应收账款 | | | 应付账款 | | |
| 预付款项 | | | 预收款项 | | |
| 应收利息 | | | 应付职工薪酬 | | |
| 应收股利 | | | 应交税费 | | |
| 其他应收款 | | | 应付利息 | | |
| 存货 | | | 应付股利 | | |
| 一年内到期的非流动资产 | | | 其他应付款 | | |
| 其他流动资产 | | | 一年内到期的非流动负债 | | |
| 流动资产合计 | | | 其他流动负债 | | |

续 表

| 会企 01 表 | | | | | |
|---|---|---|---|---|---|
| 编制单位：××有限公司 | | 20××年×月×日 | | 单位：元 | |
| 资　产 | 期末余额 | 年初余额 | 负债和所有者权益（或股东权益） | 期末余额 | 年初余额 |
| 非流动资产： | | | 流动负债合计 | | |
| 可供出售金融资产 | | | 非流动负债： | | |
| 持有至到期投资 | | | 长期借款 | | |
| 长期应收款 | | | 应付债券 | | |
| 长期股权投资 | | | 长期应付款 | | |
| 投资性房地产 | | | 专项应付款 | | |
| 固定资产 | | | 预计负债 | | |
| 在建工程 | | | 递延所得税负债 | | |
| 工程物资 | | | 其他非流动负债 | | |
| 固定资产清理 | | | 非流动负债合计 | | |
| 生产性生物资产 | | | 负债合计 | | |
| 油气资产 | | | 所有者权益（或股东权益）： | | |
| 无形资产 | | | 实收资本（或股本） | | |
| 开发支出 | | | 资本公积 | | |
| 商誉 | | | 减：库存股 | | |
| 长期待摊费用 | | | 盈余公积 | | |
| 递延所得税资产 | | | 未分配利润 | | |
| 其他非流动资产 | | | 所有者权益（或股东权益）合计 | | |
| 非流动资产合计 | | | | | |
| 资产总计 | | | 负债和所有者权益（或股东权益）总计 | | |

资产负债表必须定期对外公布和报送外部与企业有经济利害关系的各个集团，包括股票持有者，长、短期债权人，政府有关机构，等等。当资产负债表列有上期期末数时，称为“比较资产负债表”，它通过前后期资产负债的比较，可以反映企业财务变动状况。

### 2. 利润表

利润表是反映企业在一定会计期间经营成果的报表，由于它反映的是某一期间的情况，企业一定会计期间的经营成果既可能表现为赢利，也可能表现为亏损，因此，利润表也被称为损益表。

利润表是根据“收入 - 费用 = 利润”的基本关系来编制的，其具体内容取决于收入、费用、利润等会计要素及其内容。

（1）收入

收入是企业在销售商品、提供劳务及让渡资本使用权等日常活动中形成的经济利益的总收入。收入的特点如下：

第一，收入是从企业的日常经营活动中产生的，如企业销售商品、提供劳务等收入。

第二，收入可能表现为企业资产的增加，也可能表现为企业负债的减少，也可能同时引起资产的增加与负债的减少，比如销售商品抵偿债务，同时收取部分现金。

第三，收入将引起所有者权益的增加。

第四，收入只包括本企业经济利益的流入，而不包括为第三方或客户代收的款项。

（2）费用

费用是企业在销售商品、提供劳务等日常活动中发生的经济利益的总流出。与收入相对应。费用的特点如下：

第一，费用是企业在日常活动中发生的经济利益的流出。

第二，费用可能表现为资产的减少或负债的增加，或者兼而有之。

第三，费用可导致所有者权益的减少。

（3）利润

利益是指企业在一定会计期间的经营成果，包括营业利润、利润总额和净利润。营业利润是企业在销售商品、提供劳务等日常活动主营业中所产生的利润，为主营业务收入减去营业成本和主营业务税金及附加，加上其他业务利润，减去营业费用、管理费用和财务费用后的金额。

利润表格式如表 9.2 所示。

**表 9.2** **编制单位：××有限公司 20××年** 单位：元

| 项　目 | 本期金额 | 上期金额 |
|---|---|---|
| 一、营业收入 | | |
| 减：营业成本 | | |
| 营业税金及附加 | | |
| 销售费用 | | |
| 管理费用 | | |
| 财务费用 | | |
| 资产减值损失 | | |
| 加：公允价值变动收益（损失以“－”号填列） | | |
| 投资收益（损失以“－”号填列） | | |
| 其中：对联营企业和合营企业的投资收益 | | |
| 二、营业利润（亏损以“－”号填列） | | |
| 加：营业外收入 | | |
| 减：营业外支出 | | |
| 其中：非流动资产处置损失 | | |
| 三、利润总额（亏损总额以“－”号填列） | | |
| 减：所得税费用 | | |
| 四、净利润（净亏损以“－”号填列） | | |
| 五、每股收益 | | |
| （一）基本每股收益 | | |
| （二）稀释每股收益 | | |

利润表可以反映企业一定会计期间的收入实现情况、一定会计期间的费用耗费情况，以及企业生产经营活动的成果。将利润表中的信息与资产负债表中的信息相结合，还可以提供进行财务分析的基本资料，便于会计报表使用者判断企业未来的发展趋势，做出经济决策。

### 3. 现金流量表

现金流量表是财务报表的三个基本报告之一，所表达的是在一个固定期间内，一家机构的现金增减变动情形。现金流量表的出现，主要是要反映出资产负债表中各个项目对现金流量的影响，并根据其用途划分为经营、投资及融资三个活动分类。现金流量表可用于分析一家机构在短期内有没有足够现金去应付开销。

现金流量表是反映一家公司在一定时期现金流入和现金流出动态状况的报表。其组成内容与资产负债表、损益表相一致。现金流量表可以概括反映经营活动、投资活动和筹资活动对企业现金流入、流出的影响，对于评价企业的实现利润、财务状况及财务管理要比传统的损益表提供更好的基础。

现金流量表如表 9.3 所示。

**表 9.3　　现金流量表**

| 项目 | 行次 | 本年数 |
|---|---|---|
| 一、经营活动产生的现金流量： | 1 | |
| 销售商品、提供劳务收到的现金 | 2 | |
| 收到的税费返还 | 3 | |
| 收到的其他与经营活动有关的现金 | 4 | |
| 现金流入小计 | 5 | |
| 购买商品、接受劳务支付的现金 | 6 | |
| 支付给职工以及为职工支付的现金 | 7 | |
| 支付的各项税费 | 8 | |
| 支付的其他与经营活动有关的现金 | 9 | |
| 现金流出小计 | 10 | |
| 经营活动产生的现金流量净额 | 11 | |
| 二、投资活动产生的现金流量： | 12 | |
| 收回投资所收到的现金 | 13 | |
| 取得投资收益所收到的现金 | 14 | |
| 处置固定资产、无形资产和其他长期资产所收回的现金净额 | 15 | |

续　表

| 项目 | 行次 | 本年数 |
|---|---|---|
| 收到的其他与投资活动有关的现金 | 16 | |
| 现金流入小计 | 17 | |
| 购建固定资产、无形资产和其他长期资产所支付的现金 | 18 | |
| 投资所支付的现金 | 19 | |
| 支付的其他与投资活动有关的现金 | 20 | |
| 现金流出小计 | 21 | |
| 投资活动产生的现金流量净额 | 22 | |
| 三、筹资活动产生的现金流量： | 23 | |
| 吸收投资所收到的现金 | 24 | |
| 借款所收到的现金 | 25 | |
| 收到的其他与筹资活动有关的现金 | 26 | |
| 现金流入小计 | 27 | |
| 偿还债务所支付的现金 | 28 | |
| 分配股利、利润或偿付利息所支付的现金 | 29 | |
| 支付的其他与筹资活动有关的现金 | 30 | |
| 现金流出小计 | 31 | |
| 筹资活动产生的现金流量净额 | 32 | |
| 四、汇率变动对现金的影响 | 33 | |
| 五、现金及现金等价物净增加额 | 34 | |
| 加：期初现金及现金等价物余额 | 35 | |
| 六、期末现金及现金等价物余额 | 36 | |

**表 9.4　　现金流量表补充资料**

| 补充资料 | 行次 | 本年数 |
|---|---|---|
| 1. 将净利润调节为经营活动现金流量： | | |
| 净利润 | 37 | |
| 加：计提的资产减值准备 | 38 | |

续 表

| 补充资料 | 行次 | 本年数 |
| --- | --- | --- |
| 固定资产折旧 | 39 | |
| 无形资产摊销 | 40 | |
| 长期待摊费用摊销 | 41 | |
| 处置固定资产、无形资产和其他资产的损失（减：收益） | 42 | |
| 固定资产报废损失 | 43 | |
| 公允价值变动损失（收益以“－”号填列） | 44 | |
| 财务费用（减：收入） | 45 | |
| 投资损失（减：收益） | 46 | |
| 递延所得税资产减少（增加以“－”号填列） | 47 | |
| 递延所得税负债增加（减少以“－”号填列） | 48 | |
| 存货的减少（减：增加） | 49 | |
| 经营性应收项目的减少（减：增加） | 50 | |
| 经营性应付项目的增加（减：减少） | 51 | |
| 其他 | 52 | |
| 经营活动产生的现金流量净额 | 53 | |
| 2. 不涉及现金收支的投资和筹资活动： | 54 | |
| 债务转为资本 | 55 | |
| 一年内到期的可转换公司债券 | 56 | |
| 融资租入固定资产 | 57 | |
| 3. 现金及现金等价物净增加情况： | 58 | |
| 现金的期末余额 | 59 | |
| 减：现金的期初余额 | 60 | |
| 加：现金等价物的期末余额 | 61 | |
| 减：现金等价物的期初余额 | 62 | |
| 现金及现金等价物净增加额 | 63 | |

上市公司在生产经营、投资或筹资活动过程中，其现金流量的大小反映出其自身获得现金的能力。一般情况下，经营性现金流量多，说明上市公司的销售畅通，资金周转快，产品或项目不但有市场，而且处于良好的发展时期，反之则反。

## 第二节　财务管理必须科学严谨

### 1. 现金就像人体的血液

很多企业之所以短寿，缺乏现金是导致其破产的主要原因。俗话说得好，“地主家要有余粮”，才能有效地增强企业应对环境不确定性的能力。企业的经营者除了需要算清楚“口袋”里应该有多少现金，还需要时时关注现金是否还在“口袋”里。

在西方发达国家80%的破产企业，虽然从账面上看起来是获利的，但是却因为资不抵债、现金流量管理不好而宣告破产。一个公司账面利润再高，如果没有充足的现金流，也无法进行正常的经营活动，甚至因财务状况恶化而倒闭。

由于现金不足，一方面，企业将因为赊欠货款的不断增加而导致供货商终止供货，无法继续生产；另一方面，企业将因追讨货款而官司缠身，无法正常经营。由于现金不足，工人工资无法按时发放，将导致企业人心惶惶，甚至工人罢工。由于现金不足，税金无法及时上缴，将导致税务部门上门清收。由于现金不足，到期债务无法按时归还，借款本息无法支付，将导致企业被迫清算破产。

“地主家要有余粮”，能有效地增强企业应对环境不确定性的能力，增强企业的财务弹性，是企业的经营者应该把握的现金管理技巧之一。

### 2. 公司现金最佳持有量

虽然现金流是企业运营的命脉，但是企业现金不是越多越好，因为资金具有时间价值。资金的时间价值，即货币的时间价值，是指资金经过一段时间的投资和再投资所增加的价值。通常情况下，资金的时间价值可以用没有风险和没有通货膨胀条件下的社会平均资金利润率来衡量。在计算资金的时间价值时通常按复利计算。

单利指的是计息时只在原有本金上计算利息，对本金所产生的利息不再计算利息。复利是把上期末的本利之和作为下一期的本金继续生息，让利息也能产生利息，就是俗称的“利滚利”。

下面我们通过一个小例子来看看资金的时间价值概念。

某家长准备为孩子存入银行一笔款项，想在5年后得到200000元学杂费，假设银行存款利率为5%。该家长目前应存入银行多少钱呢？

利率5%，5年期的复利现值系数为0.7835，因此，目前需要存入银行的钱＝200000×0.7835＝156700（元）。也就是说现在的156700元相当于5年后的20万元，增值部分就是资金的时间价值。

由于货币时间价值的存在，对于企业来说，并不是留存的现金越多越好，需要确定一个恰当的现金持有量，既满足企业对现金的需求，也将多余的现金进行投资以获得回报，提高资金的使用效率。

对于企业而言，现金需求主要有三种。

第一，交易性需求，即企业日常业务产生的现金支付需求，比如支付货款、支付员工工资等。一般情况下，企业日常经营过程中很难做到现金收入正好与现金支出同步同量。如果收入小于支出，就造成了企业的现金短缺。企业必须保留满足其交易性需要的最低水平的现金额，才能使经营活动正常进行，以维持一定的企业信用。

第二，预防性需求，指意外情况发生导致的现金支付。“非典”期间大量学员退课曾导致新东方账上现金短缺，俞敏洪不得不临时向好友借钱应付大量的退款以渡过难关。这种意想不到的开支就是预防性需求拟应对的问题。其现金流量的不确定性越大，预防性现金的数额也就越大。金融危机下企业对现金的需要量加大也是这个原因。

第三，投机性需求，指当出现意外的获利机会时，企业有足够的资金可以介入以获得不寻常收益。例如，遇到有廉价的原材料或其他资产供应时，能够有足够的资金用于购买。不过，除了专门的金融和投资公司外，一般企业很少专门保留大数额的投机性现金。因为通过临时的短期借款也可以获得所需资金。

现金管理的目的就是使持有现金的成本最低而效益最大。企业货币资金过多，会导致现金闲置，资金的利用效率下降；货币资金过少，又不能满足企业生产经营等各种开支的需要，并降低了企业应对风险的能力。

因此，对企业而言，现金持有量过多或者过少都不利于企业的经营发展。那么，应该如何确定企业最佳的现金持有量呢？

现金管理要解决的核心问题就是确定最佳现金持有量。确定最佳现金持有量，需要在持有过多现金产生的机会成本与持有过少现金而带来的短缺成本之间进行权衡。

企业持有现金的成本有以下三种：

第一种，机会成本，持有现金的成本。主要体现在由于选择持有现金而使企业丧失的其他投资机会可能带来的收益等。

机会成本在经济学上是一种非常特别的既虚又实的成本。它是指一笔资金在专注于某一方面的投资后所失去的在其他其他方面的投资获利机会。

第二种，管理成本，管理现金的各种开支。具体包括财务管理人员工资、现金管理安全防范支出等。

第三种，短缺成本，缺乏现金的代价。主要表现为现金短缺造成生产停滞等问题而使企业蒙受的损失等。

最佳现金持有量就是要在资产的流动性和赢利能力之间做出抉择，以获得最大的长期利润。可以通过分析持有现金的成本，寻找使持有成本最低的现金持有量。

现金持有总成本最低时的现金持有量即机会成本、管理成本和短缺成本之和最低时的现金持有量。成本分析模式是一种传统的分析方法，其中机会成本、管理成本和短缺成本三项之和的总成本线是一条抛物线，该抛物线的最低点即为持有现金的最低总成本。

假设某企业目前有以下四种现金持有方案可供选择，根据公司以往的经验，各种方案下现金持有量的机会成本和短缺成本如表9.5所示，其中机会成本是按照公司的平均资本收益率12%确定的，由于财务部门的规模及人员工资等是固定的，因此现金的管理成本在四种情况下是一样的。该企业应该选择哪种方案呢？

**表9.5　　不同方案下现金持有成本**　　单位：元

| 方案 | 甲 | 乙 | 丙 | 丁 |
|---|---|---|---|---|
| 现金持有量 | 25000 | 50000 | 75000 | 100000 |
| 机会成本 | 3000 | 6000 | 9000 | 12000 |
| 管理成本 | 20000 | 20000 | 20000 | 20000 |
| 短缺成本 | 12000 | 6750 | 2500 | 0 |
| 总成本 | 35000 | 32750 | 31500 | 32000 |

由表9.5看出，企业现金持有量越多，机会成本就越高，因为持有过多现金会丧失进行其他投资的机会。但同时，短缺成本越小，因为发生资金困难的可能性很小。综合四种情况分析，其中丙方案下现金持有量的总成本最低，因此可以确定公司的最佳现金持有量为75000元。

### 3. 看清企业的成本账，抓好成本管理

我们先来看一个案例：

总经理秦奋在公司的年终总结上向员工报告了下一年公司的发展战略，准备从三方面扩大公司的规模和市场占有率：一是加大对现有产品的推广营销工作，准备在几个一线城市召开产品发布会；二是抓紧研究新产品，拟高薪聘用数名高水平研发人员；三是加快设备的更新配套工作。

秦奋感叹说："这样一来，我们的成本就高了！公司的利润就要降低了！控制成本将是我们下一年的重要任务！"

秦总的规划非常振奋人心，但公司下一年发展战略的实施会导致成本上升吗？产品推广营销费用、研发人员工资和新设备购进都属于成本项目吗？仔细推敲起来，秦总的话里面存在不少错误呢！因为成本、费用、支出是三个不同的概念。这几项支出并不都直接导致成本增加。

成本、费用、支出是我们经常挂在口头上的名词，但准确地说，三者的内涵和外延并不相同。

（1）支出

从广义的角度来看，企业所有资产的流出都称为支出。企业的支出种类繁多，既包括企业在生产经营过程中为获得另一项资产发生的支出，比如为购买原材料而支付的货款、为购买办公用品发生的零星支出、支付给员工的工资、预付的房租和销售场地的租赁费等；也包括企业为清偿债务所发生的各类资产的流出，如偿还银行借款、支付欠供应商的货款、支付股利所发生的资产的流出；还包括投资行为的各类支出，如为购置设备等固定资产、支付长期工程费用所发生的支出等。

秦奋公司下一年度的产品推广营销费用、研发人员工资和新设备购进都

属于支出；电力、自来水公司的员工薪酬也是企业支出。支出并不等于费用，更不等于成本。

（2）费用

费用，准确地说，是指企业在日常活动中发生的会导致净资产减少的、与向所有者分配利润无关的经济利益的总流出。因此，导致企业净资产减少是费用的重要特征。

费用按照其经济用途可以分为两大类：

一类是生产成本，或称生产费用。生产费用指企业为生产一定种类和数量的产品所发生的费用，即产品成本项目直接材料、直接人工和制造费用的总和。

另一类是期间费用。期间费用是与产品生产无直接相关的非生产费用，发生时不能明确判定应归属于某个特定产品，且与产品的生产管理无直接关系。因此期间费用不计入产品生产成本，而是直接计入发生当期损益。期间费用具体包括管理费用、财务费用和销售费用。

秦奋公司的产品推广营销费用和研发人员工资都会形成企业下一年的费用，因为会导致净资产减少。但购买新设备则不是费用，因为新设备会使企业的资产增加，净资产并不会因此减少。

电力、自来水公司的员工薪酬都是费用，但并不都是成本。其中，只有车间工人及管理人员的工资及薪酬属于成本。企业管理人员的工资薪酬均不属于成本项目，属于期间费用。如果将期间费用计入成本，则会导致虚增企业成本、掩盖管理不善、人浮于事的事实。

将费用分为生产性费用和非生产性费用，生产性费用构成成本，非生产性费用反映企业的管理水平。这种分类能清晰地了解企业成本高低和管理效率，有利于企业进行成本分析，加强成本管理和成本控制。

（3）成本

说起成本，一定是具体到某种产品。成本是定价的依据，商店里的商品价格各不相同。比如皮鞋，男鞋和女鞋的销售价格不一样，其根本原因是男鞋与女鞋的成本不一样。因此泛泛地说成本是不确切的，需要了解自己企业各种产品的成本。

成本是指生产活动中所使用的生产要素的价格，成本也称生产费用。生产性费用按用途进行分类，实质上就是三大类：料、工、费。“料”是直接用于产品生产的材料费用，“工”是直接生产产品的工人工资，“费”是因组织和管理生产经营活动而发生的各项支出。生产性费用最终都形成成本。

①直接材料

直接材料指企业生产过程中实际消耗的直接材料、辅助材料、设备配件、外购半成品、燃料、动力、包装物、低值易耗品以及其他直接材料和电力、蒸汽等动力。

②直接人工

直接人工指企业直接从事产品生产人员的工资、奖金、津贴、补贴和各种福利费等。这里不包括车间管理人员的薪酬费用。

直接人工费用是指直接从事产品生产人员，即一线工人及生产管理人员产生的各项相关费用。直接材料和直接人工发生时通常都能确认到某种产品上去，因此称为直接费用，发生时直接计入某产品成本。比如生产女鞋使用的皮革和生产工人的薪酬均能直接确认。

③制造费用

制造费用指为生产产品和提供劳务而发生的各种生产管理费用等间接费用，如车间、分厂管理人员、技术人员的工资及福利费，车间使用的固定资产折旧费和修理费、办公费、水电费、机物料消耗、劳动保护费，季节性停工损失、修理期间的停工损失等。

制造费用通常与几种产品的生产有关。比如制鞋车间的设备既可用于男鞋的皮革的切割，也可用于女鞋的皮革的切割。车间管理人员同时对男鞋和女鞋的生产进行管理，因此车间管理费用就与该车间生产的所有产品均有关。这些费用虽然与产品生产有关，但发生时并不能直接确定各种产品应承担多少比例，因此需要在月末时按一定标准在几种产品直接之间进行分配。这种费用通常也称为间接费用。

企业资金的流出都是支出，支出分为收益性支出和资本性支出，资本性支出形成企业的资产（如买设备），收益性支出才是费用。企业的费用分为两类：生产性费用和非生产性费用。生产性费用才是成本，包括料、工、费；非生产性费用不构成成本，是企业的期间费用，包括管理费用、销售费用和财务费用。准确区分支出、成本和费用的概念是进行成本管理的前提。

# 第三节　企业合理避税方略

### 1. 避税就是创造利益

合理避税能将企业的税收最小化，作为企业经营者，你可能会觉得合理避税是会计的事、企业的事或其他纳税人的事。其实不然，你同样应该掌握一些合理避税的知识，这样你才能为企业争取更大的利益。

所谓合理避税，又称合法避税、纳税筹划，是指纳税人在熟知相关税境的税收法规的基础上，在不直接触犯税法的前提下，利用税法等相关法律的差异、疏漏、模糊之处，通过对经营活动、融资活动、投资活动等涉税事项的精心安排，达到规避或减轻税负的行为。它是纳税人在履行应尽法律义务的前提下，运用税法赋予的权利保护自己既得利益的手段。

合理避税具有如图 9.1 所示的特征：

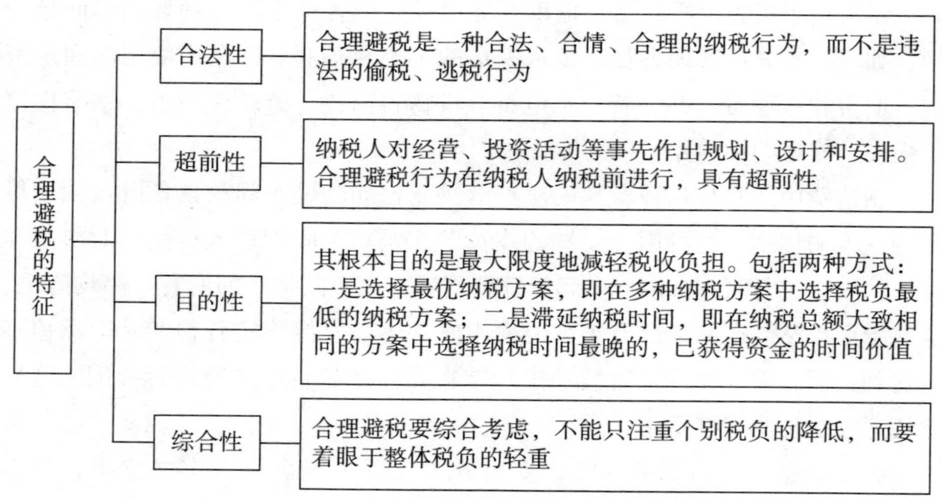


**图 9.1　合理避税的特征**

### 2. 合理避税不是“偷、骗、逃”税

（1）合理避税不是偷税

相信每个人都会或多或少了解一些偷税漏税的知识。

根据《征管法》第六十三条规定，纳税人伪造、变造、隐匿、擅自销毁账簿、记账凭证，或者在账簿上多列支出或者不列、少列收入，或者经税务机关通知申报而拒不申报，或者进行虚假的纳税申报，不缴或者少缴应纳税款的，就是偷税。只有因为税务机关的过失而使纳税人少缴税款才叫漏税。税务局负责税款的征收和稽核工作。

通过表9.6，我们来了解一下偷税的手段。

**表9.6　偷税手段**

| 偷税手段 | 具体内容 |
| --- | --- |
| 伪造、变造、隐匿、擅自销毁账簿、记账凭证 | 纳税人伪造、变造、隐匿、擅自销毁用于记账的发票等原始凭证的行为 |
| 在账簿上多列支出或不列、少列收入 | 纳税人非法取得虚开的增值税专用发票上注明的税额已经记入"应交税金"作进项税额，构成了"在账簿上多列支出或者不列、少列收入"的行为 |
| 经税务机关通知申报而拒不申报纳税 | 经税务机关通知申报后，纳税人、扣缴义务人已经依法办理税务登记或者扣缴税款登记的，拒不申报纳税；依法不需要办理税务登记的纳税人，经税务机关依法书面通知其申报，拒不申报纳税；尚未依法办理税务登记、扣缴税款登记的纳税人、扣缴义务人，经税务机关依法书面通知其申报，拒不申报纳税 |
| 虚假纳税申报 | 虚假的纳税申报，是指纳税人或者扣缴义务人向税务机关报送虚假的纳税申报表、财务报表、代扣代缴、代收代缴税款报告表或者其他纳税申报资料，如提供虚假申请，编造减税、免税、抵税、先征收后退还税款等虚假资料等。主要表现是申报表、申报资料与纳税人账簿记载的内容不一致 |
| 缴纳税款后，以假报出口或者其他欺骗手段，骗取所缴纳的税款 | 纳税人先缴纳了税款，然后以假报出口或者其他欺骗手段骗取所缴纳的税款，这种情况下，应当认定为偷税 |

（2）合理避税不是骗税

骗税是指纳税人以假报出口或者其他欺骗手段，骗取出口退税款的行为。

也是指企业事业单位采取对所生产或者经营的商品假报出口等欺骗手段，骗取国家出口退税款的行为。

骗税与偷税的区别如表9.7所示。

表9.7　骗税与偷税的区别

| 骗税 | 偷税 |
| --- | --- |
| 已缴到国库的税款骗归自己所有 | 采取非法手段不缴或者少缴应纳税款，税款还没有缴到国库 |
| 采取假报出口、虚报价格、伪造涂改报关单等手段 | 采取的是伪造、变造、隐匿、擅自销毁账簿、记账凭证或在账簿上多列支出或不列、少列收入，或进行虚假的纳税申报等手段 |

（3）合理避税不是逃税

避税是指纳税人利用税法上的漏洞或税法允许的办法，做适当的财务安排或税收策划，在不违反税法规定的前提下，达到减轻或解除税负目的的行为。

避税不等同于逃税。主要区别如表9.8所示。

表9.8　避税与逃税的区别

| 区别 | 避税 | 逃税 |
| --- | --- | --- |
| 适用的法律不同 | 适用涉外经济活动有关的法律、法规 | 仅适用国内的税法规范 |
| 适用的对象不同 | 针对外商投资、独资、合作等企业、个人 | 仅为国内的公民、法人和其他组织 |
| 各自行为方式不同 | 税义务人利用税法上的漏洞、不完善，通过对经营及财务活动的人为安排，以达到规避或减轻纳税的目的的行为 | 从事生产、经营活动的纳税人，纳税到期前，有转移、隐匿其应纳税的商品、货物、其他财产及收入的行为，达到逃避纳税的义务 |

### 3. 税务筹划的空间

我们先看一下企业税务管理的概念：主要是指企业对其涉税业务和纳税

实务的研究和分析、计划和筹划、处理和监控、协调和沟通、预测和报告的全过程管理行为。

企业的管理者不仅要掌握一些税务管理的理念和策略，还要熟悉税务申报流程并进行监控，进一步减轻实务中出现的问题。

税务管理应该作为企业整体战略的重要组成部分。企业管理层应积极调整组织结构，改革管理体制，实施税务管理，构建以流程控制为核心的内部控制和风险管理体系。

税务管理目的是规范纳税的行为、科学合理地降低税收的支出，防范纳税的风险。这就表明，税务管理不仅是财务部门把企业的税给交了那么简单，更是经营部门的事情，应贯穿于企业经营管理的各个环节，尤其是对于企业的管理层进行税务决策格外重要。

在国外，税务管理的重要内容是税收筹划。

税收筹划是这样定义的：企业根据所处的税务环境，在遵守税法、尊重税法的前提下，以规避涉税风险，控制或减轻税负，从而有利于实现企业财务目标的谋划、对策与经营活动安排。

一般地说，合理避税筹划的空间由以下几项内容构成，如图 9.2 所示：

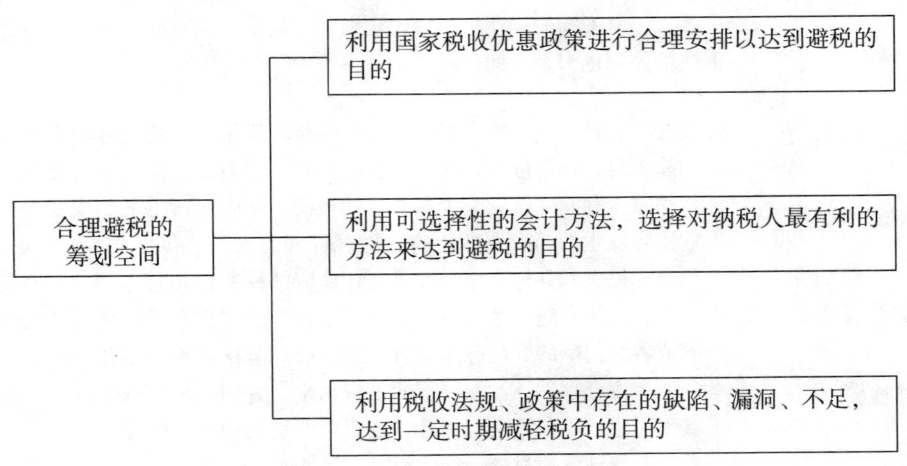


**图 9.2　合理避税的筹划空间**

可见，成功避税筹划方案是斗智斗勇的结果和体现，因此，管理人员在工作中必须能够运筹帷幄，具备较高的税务筹划水平，具有对税收政策深层加工的能力，以保证避税筹划方案的合法性，最大限度地给企业和客户等人带来经济利益。

4. 合理避税的途径选择

根据国内外的研究成果，我们发现，目前合理避税的主要路径有以下几种，如表9.9所示。

表9.9　合理避税的主要路径

| 合理避税路径 | 具体内容 |
| --- | --- |
| 筹资环节的合理避税 | 筹资环节的纳税因素不仅会影响企业的现金流量，而且会影响到筹资成本，从而给企业带来不同的预期收益。从合理避税的角度看，在息税前投资收益率大于负债成本率的前提下，负债比率越高，额度越大，其节税的效果越明显。企业可以通过提高负债比例获得更多的收益，提高权益资本的收益水平，从而使企业资产价值增加，实现企业价值最大化 |
| 投资环节中的合理税避 | 投资行业的选择。国家对不同的行业有不同的税收政策，对某些行业存在相关的税收倾斜，这些税收倾斜政策构成了行业优惠，使得企业对投资行业的税收筹划具有重要的实际意义 |
| | 投资企业组织形式的选择。我国税制为了促进经济发展，扩大财政收入，对不同的企业组织形式实现了不同的征税办法，这种征税办法的差别也为企业的合理避税提供了生存和发展空间 |
| 生产经营活动中的合理避税 | 在会计核算方面，生产经营活动中的合理避税主要是充分利用税前扣除项目，合理进行企业所得税纳税筹划。通过合理增加有效成本费用减少利润来达到减少所得税的目的。新企业所得税法规定，企业实际发生的与取得收入有关的、合理的支出，包括成本、费用、税金、损失和其他支出，准予在计算应纳税所得额时扣除。另外还规定，企业实施其他不具有合理商业目的的安排而减少其应纳税收入或者所得额的，税务机关有权按照合理方法调整。因此，企业一定要注意合理性，注意同行的工资水平，否则，税务机关对不合理支出可进行纳税调整。另外，企业合理避税一定要注意交易事项必须具有合理商业目的，并能提供证据证明 |
| 利润分配中的合理避税 | 一般情况下，股东往往为了避税而要求企业不发或少发现金股利。因此，企业需要从发展前景和实际情况进行筹划，尽量少支付现金股利，多支付股票股利 |

税务筹划是企业经营战略的重要组成部分，作为管理人员和税务会计，不仅要对税务资金运动进行反映和监督，还要进行税负分析，在不违反税法的前提下，利用合理手段合理避税，减少应税行为，保护自身权益，提高企业利润。

# 第四篇

## 冬·藏

## 企业常青，企之“叶”

# 第十章　会议与培训

要使企业不再为缺乏人才而烦恼，建立以企业基地培训管理模式也就势在必行了。如此一来，企业的优势也就显现出来了，运营的成功也将指日可待。当然，这其中也会遇到很多细节问题，这也将关系到运营模式的成败。

## 第一节　高效会议

### 1. 你会开会吗

（1）把握好会议主持的方向

在开会时，一定要制订一些规则，比如不能在会议时打电话、看手机，不能迟到、早退等，一旦确立了会议规则，与会者就会明白自己该怎么做，然后把注意力放在会议的主题上。

在下次开会之前，如果想让你主持的会议更有效，并能把握住会议的方向，可以参考下面几条建议。

第一，如果要召开一次由许多人参加的大型会议，可以事先制订会议日程，列出会议需要具体讨论的问题，以及参加会议的基本准则。

第二，在会议之前，与一些人单独见面，了解一下哪些人支持你，哪些人反对你。

第三，开场白通常能够决定整个会议的基调，所以一定要精心准备。一定要在会议开始时，就提出最重要的问题，以免有人中途离场。

第四，尽可能让所有人参与会议的讨论，人们能够集中注意力的时间一般都很短，所以一次发言尽量不要超过 10 分钟，中间可以加入一些提问和其他互动形式。

第五，避免是与否这样的问题的提问，千万不要说："这样的事情行得通吗?”而是要问:“这样做对我们的项目会产生什么影响?”

第六,没有人喜欢会议超时,如果大家感觉你根本没有注意时间,大家就会走神。

第七,主持人讲话的时间最好不要超过会议总时间的20%,要把至少80%的时间留给与会者。

(2)不开没有必要的会议

每个人都明白过犹不及的道理。如果会议过多、太长,肯定会遭到抱怨。怎么把握好这个度,在规划下次会议时,你不妨先看看下面这些提示。

认认真真地考虑一下,召开这次会议的必要性,或者是否有别的更高效、更快捷的方法来代替会议。会议的形式也可以不拘泥于一种形式。如果当项目进行到了比较关键的时刻,面对面开会当然是最好的方式,但是对于其他会议,可以考虑用视频方式或者电话方式来完成。

考虑一下需要什么人到场,是不是有必要让所有的人都到场。其实,只要那些需要到场的人出席就可以了,一般来说,关键人物要到场,因为关键人物需要对会议做出一些重要决定。如果一个会议没有做出重要决定,那么这次会议就是在浪费时间。如果关键人物因故不能到场,看看能否通过电话或者视频方式让他参加。

提前给参与会议的人一些会议内容通告。这样做的目的是为了缩短会议的时间,让大家提前明白会议的一些规则,也可以让大家有针对性地发言和讨论。避免跑题,浪费时间。

考虑好会议如何开始,会议的目的是为了解决实际的问题,而没有必要做一些表面功夫,比如主持人花大量的时间选读会议流程,用太多的时间介绍到场的人员。这些完全可以写在通告里,这样做下来就可以直奔主题。一开始就抓住了大家的注意力,整场会议都比较高效。

(3)高效会议七要素

高效会议的七要素如下:

凡是会议,必有准备;

凡是会议,必有主题;

凡是会议,必有纪律;

凡是会议,会前必有议程;

凡是会议,必有结果;

凡是开会，必有记录；

凡是散会，必有事后追踪。

## 2. 会前准备

（1）会议制度

为推动公司的管理提升，提高公司的管理效率，使会议目的明确，有签到、纪要、追踪、督导、上报、存档，以促进公司全面管理规范，特制订本办法：

各参会人员应及时参加会议，不得迟到、早退、缺席，如因公不能按时参加会议，应提前向会议支持者说明情况并指定代理人。

参加会议人员应遵守会场秩序，不大声喧哗，不窃窃私语、私下小会，关闭手机铃声及影响会议的一切声音，如发现一次减价值分 20 ~ 100 分。

提前 5 分钟到会场（迟到第一次减驱动分 30 分，第二次翻倍）；会议期间手机关机并不能放在会议桌上；月底最后 1 天提交报告；不能会客；特殊情况向董事长请假。

（2）总经理会议会前准备

通知（地点、时间、内容及议程、与会人员、提前三天通知与会人员、通知渠道——微信、KDT 群、短信）；

会议主题及目的；

签到表；

书籍；

资料准备；

会场布置；

资料提交；

确定主持人。

（3）会议议程实例

M 计算机公司一号项目检查会议：

日期：2001 年 12 月 4 日，星期五；

时间：下午 2：30—3：45；

地点：B 大厦第二会议室；

会议目的：研究一号项目进展情况。

议程：

①公司第四季度销售情况；

②上次会议记录；

③上次会议记录中提出的问题；

④××关于CPU进展报告；

⑤××关于Case设计进展报告；

⑥××关于软件进展报告；

⑦下次会议日期、时间、地点。

附件：

①软件进展报告，第7号；

②Case设计进展报告，第2号；

③关于软件问题的短文。

### 3. 会中控制

（1）会中现象

众人观点不一致；

出现分歧争议、争吵、争论，主持人如何说服；

会议超时；

有人发言时间太长；

指责别人的现象；

会中不发言的现象；

超出主题外的现象；

把小事拿到会议中讨论的现象。

凡事预则立，对会中可能出现的现象要提前做好预防准备，以便采取必要的解决办法。

（2）会议主席的职责

会议控制：决定讨论主题；明确讨论范围；确保人们围绕主题依次发言；尽可能做到公正，尽全力避免与会者的争论；确保其他成员了解会议进展情况。

会议引导：识别主题/问题；交换和开发建议；评价不同方案；选择行动计划（5W1H）。

促进讨论、提问，处理不同意见：对争论双方或各方的观点加以澄清；分析造成分歧的因素；研究争论双方或各方的观点，了解协调的可能性；将争论的问题作为会议的主题之一，展开全面的讨论，以便把会议引向深入；若分歧难以弥合，那就暂时放下，按会议议程进入下一项。

（3）会中流程

主持人开场（1～3 分钟）；

按顺序汇报工作；

汇报事项及内容（用 PPT 汇报 5～10 分钟/人）；

点评、提议及交换信息（3 分钟/人）；

其他问题及战略讨论；

董事长决议及部署；

达成共识并承诺。

（4）会议纪要及签字

指定会议纪要人；

记录会议内容；

整理会议重点内容；

形成决议备忘录；

参与人员签字。

会议记录形式实例：

M 计算机公司一号项目第 6 次检查会议记录：

时间、地点：会议于 2001 年 12 月 4 日（星期五）在 B 大厦第二会议室举行，下午 2：30 开始。

出席情况：出席会议者包括：钟楚义、周亦梅、周敏、唐婉、庄子期（主席）；无故缺席者有：李杰、张明、吴倩发来了请假条。

上次会议记录：与会者都同意，认为这是上次会议的准确记录。

上次会议记录中提出的问题：周亦梅报告说，有关客户仍在度假，所以她没能邀请到他们来参加会议。

同意的行动：周亦梅在有关客户度假归来后邀他们参加会议。

完成的时限：下次会议前。

进展报告实例：周敏报告说，软件发展已在目标之列，可望在三月底前完成第二版。然而，仍存在吴倩对制图程序可行性不予协作的问题。

同意的行动：周敏与吴倩会谈，由唐婉解决问题。

完成的时限：2001 年 12 月 21 日。

下次会议的时间、地点：下次会议定于 2001 年 12 月 25 日（星期五）下午 2：30 在 B 大厦第二会议室举行。

### 4. 会后执行、跟踪、落实

（1）会后工作

传达会议精神；

追踪；

辅导；

跟进、落实会议内容。

（2）会议效率

会议效率不高的原因及具体表现，如表 10.1 所示。

**表 10.1　　会议效率不高的原因及具体表现**

| 序号 | 原因 | 具体表现 |
| --- | --- | --- |
|  | 时间 | 会议前准备工作不够充分<br>会议安排在即将午餐的时间，每个人都饥肠辘辘，无心开会 |
|  | 地点 | 会议地点设在经理办公室，致使会议被频繁打断，无法正常进行 |
|  | 对象 | 参会者层次的障碍，必须出席会议的人未到，通知来的是一些可有可无的参加者 |
|  | 主持人的技能 | 会议主持人缺乏影响力、说服力，被参会者牵着鼻子跑，无法达到会议意图。会议中离题或闲聊 |
|  | 参会者的层次技能 | 参会者发言混乱，既不知如何表意，又不知如何引退，致使会议失败。还有会中沉默（会而不议、议而不决、决而无期） |

续　表

| 序号 | 原因 | 具体表现 |
|---|---|---|
| | 会议的准备工作 | 开会前没有通知与会者沟通相关事宜，致使会议拖沓而无成效 |
| | 开会的原因、目的和结果 | 会议目的和原因不明确，会议进行中忽然发现皆不明确，致使会议毫无意义、失败 |

会议成本——只有在必要时才组织会议。

时间成本 = 参加会议的人数 ×（与会者的准备时间 + 与会者的旅行时间 + 会议秘书工作时间 + 会议服务人员工作时间）

注意：如果时间成本不太直观，则转换成金钱成本。金钱成本 = 开会的时间成本 × 与会人员平均每小时的薪水

一份美国的调查统计：经理级干部和专业人员每周约花 1/4 的时间在开会上；中上级的经理约每周花 2 天的时间开会；资深行政人员则多达每周 4 天。研究显示，除了一对一的会议，三人以上的会议平均所占的时间最多。

## 第二节　招聘人才

### 1. 知人善任

为了获取优秀的人力资源，不少企业都有专职的招聘人员，负责企业的常年招聘。能否招到优秀的员工取决于很多方面的因素，当然最重要的一点就是知人善任。

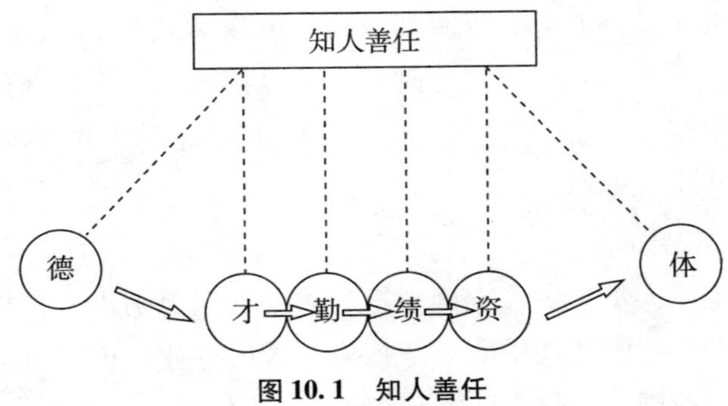


**图 10.1　知人善任**

如何知人善任呢？

（1）观人五术

战国初期魏文侯择相时，李克提出观人五术：

①居视其所亲——观察其赋闲时与哪些人交往亲近；

②富视其所与——观察其富贵时把财物施舍给什么人；

③达视其所举——观察其位高权重时举用何种干部；

④穷视其所不为——观察其困厄时能否敬谨言行而有所不为；

⑤贫视其所不取——观察其贫穷时能否严守操节而一介不取。

（2）测人七法

无独有偶，诸葛武侯文集中的知人之道——测人七法：

①问之以是非而观其志——与之讨论善恶是非而考察其心志是否正派；

②穷之以辞弁（读 biàn，低级的武官：马弁）而观其变——以诘问辩论的方法来考察其应变能力；

③咨之以其计谋而观其识——与之商议计谋而考察其见识是否高明；

④告之以祸难而观其勇——找些危险困难之事让其应付以考察其勇气；

⑤醉之以酒而观其性——乘其酒醉显真之时考察其本性；

⑥临之以利而观其廉——以利相诱来考察其操守；

⑦期之以事而观其信——交办某些任务以考察其是否值得信任。

### 2. 招聘的流程

对招聘人数较多或常年招聘的企业，制订明确的招聘流程是非常有必要的。

（1）规范招聘行为

招聘工作并不是企业人力资源部门独立可以完成的工作，它涉及企业各个用人部门和相关的基层、高层管理者。所以招聘工作中各部门、各管理者的协调问题就显得十分重要。制订招聘流程，可使招聘工作固定化、规范化，便于协调，防止出现差错。

（2）提高招聘质量

在众多的应聘人员当中要准确地把优秀的人选识别出来，并不是一件简单的事情。因为在招聘活动中既要考核应聘者的专业知识、岗位技能等专业因素，又要考核应聘者的职业道德、进取心、工作态度、性格等非智力因素。

制订招聘流程，会让招聘工作更加科学、合理，从而有效地提高招聘效率、质量，同时降低招聘成本。

（3）展示企业形象

招聘和应聘是双向选择，招聘活动本身就是应聘者对企业更进一步了解的过程。对应聘者而言，企业的招聘活动本身就代表着企业的形象。企业招聘活动严密、科学而富有效率，会让应聘者对企业产生好感。

（4）制订招聘流程的步骤

分析企业现行组织结构、职务设置、职务权限和未来企业业务的开展；

分析企业现行各项行政、人事管理制度、规定及工作流程；

总结现有招聘程序，明确初试、复试决策人和录用决策人；

分析各岗位不同的任职资格；

将上述内容归纳、整理，起草招聘流程初稿；

将初稿与相关人员进行讨论，征求他们的建议和意见；

将这些建议和意见进行整理，确定招聘流程试行稿；

公布招聘流程试行稿；

在招聘活动中，实际使用招聘流程试行稿，根据实际情况进行修改；

试行期结束后，正式确定企业的招聘流程。

招聘流程如图 10.2 所示：

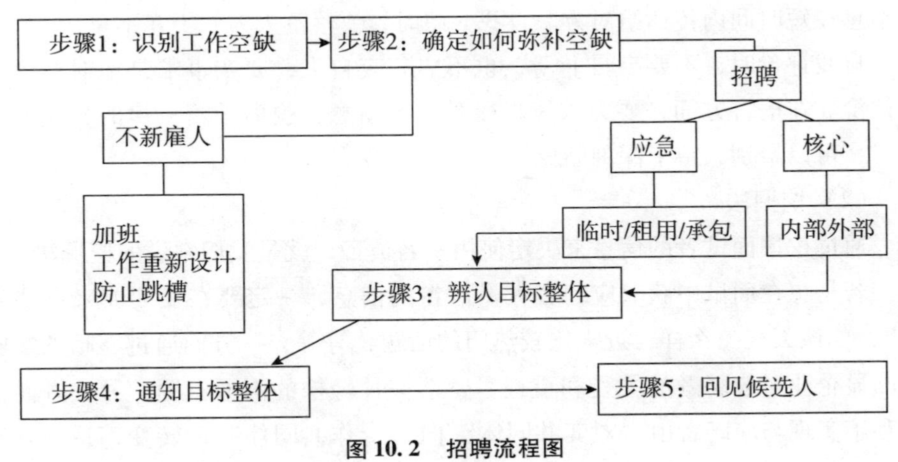


**图 10.2　招聘流程图**

### 3. 面试的技巧

企业人才现象往往表现为：兵多将少缺帅才，如图 10.3 所示。

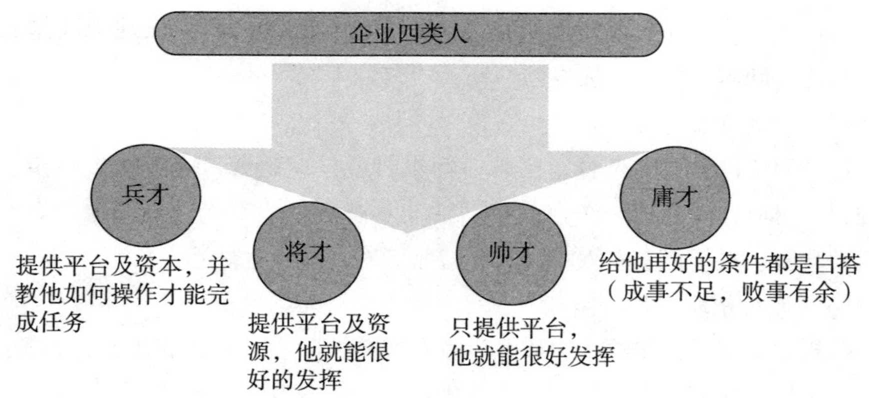


**图 10.3　企业四类人**

对于企业来说，如何通过面试，发现合适的人才尤其重要。面试的方法主要有以下两种：

(1)“一分钟”介绍法

在面试时，需要把自己介绍给对方。成功的介绍能够增进了解、促进交流，为能否得到面试官的青睐打下良好的基础。

自我介绍时，应该包括以下要素：基本信息、工作经历、受教育程度、兴趣爱好、特长、自我评价等。通过自我介绍，让面试官对自己有个初步的了解。

自我介绍的时间不宜过长，最好控制在一分钟之内。语言要简练，将有效信息在短时间内传达给对方。自我介绍时，要落落大大、不亢不卑。

自我评价时，不要妄自菲薄，也不要狂妄自大，要实事求是地对自己进行评价。在语言方面，要力求风趣幽默、有新意，脱离千篇一律的自我介绍方式，可以给别人留下深刻印象。

(2) 挖掘法

通过挖掘面试者的信息来决定使用一名员工，就是我们常说的挖掘法。

若是想在面试中获取应聘者大量潜在的信息，一定要在发问前来点“寒暄”，如谈天气怎么样，近来比较热门的话题，等等，一方面通过寒暄的实施来凸显企业对应聘者的关爱和重视，营造一种轻松的沟通氛围，另一方面也有利于实现与应聘者由“对弈共同体”向“合作共同体”的转变，达到开诚布公、知己知彼的沟通境界。

德国有句谚语：“没有愚蠢的问题，只有愚蠢的回答。”要用正确的方法去提问，不要寄希望于正确的答案。

因为面试官也是人，无法保持一致客观尺度，所以，我们作为面试官，一定要提醒自己，注意自己的形象和素养，在以下三个方面必须注意：尽量防止个人偏好的影响；防止个人情绪的影响；不断总结经验，丰富人生阅历。

面试环节需要解决的主要问题和核心问题就是最大化地获取应聘者的潜在信息，从而确保后续录用决策的准确性和科学性。那么，怎样才能最大化地获取应聘者潜在的信息呢？

答案集中两大方面：一察言，二观色。所谓的“察言”，就是期望通过应聘者讲述过去发生的事件来了解其所具备的能力。

在“察言”中，需要把握以下两个方面的问题：

第一，要注意应聘者的讲述方式。有的应聘者可能倒着讲述工作经历，有的应聘者可能顺着讲述工作经历，不管采取何种方式讲述，企业需要注意的就是讲述方式的连贯性，讲述是否具体、有核心，如果应聘者一会儿倒着讲述，一会儿又顺着讲述，给人一种很游离和空泛的感觉，那么企业就应该重点关注了。

第二，要注意应聘者的语气。语气其实就是心理活动的反映，在关注应聘者语气方面，企业需要关注应聘者讲述的语速，如是否有轻重缓急之处、是否有结巴之处、是否给人一种自信和铿锵有力的感觉。

不仅“察言”，还需要“观色”。具体来说，“观色”要做好以下两项工作：

第一，观面部表情，如脸色和眼神是怎样的。

第二，观姿态，如坐姿是否有变化、讲述时的手势是怎样的。

总之，“察言”在于检验应聘者讲述信息的真实性，“观色”则在于获取应聘者潜在的信息，当然在做这方面工作时，不要忘记了记录工作。

## 第三节 人才培训

### 1. 企业文化是通过不断教化而来

大家都知道，企业文化强调的是一种目标，一种沟通和认同。因此，一个企业即便是能够用精美的纸张来印制出自己公司的企业文化和企业理念，拿着这本小册子，员工们也能够对答如流，但是，如果没有员工自觉地践行企业文化精神，那么企业文化最终还是纸上谈兵，发挥不出其应有的效果。

虽然国内许多企业基本上都有着自己的文字形式上的企业文化，但很多企业的企业文化工作却并没有真正地做好。根本就没有真正发挥出企业文化所应有的那种积极的推动作用。到底是什么原因使得这些企业的文化没能很好地发挥出应有的优势呢？

答案就是这些企业缺乏员工对公司文化的一种认可、理解和执行。企业文化只有得到了广大员工的理解、接受并时刻铭记于心，才能使员工们潜在的劳动积极性得以充分地发挥，这时候，企业文化才能够真正地成为企业发展的一种动力和竞争力。

企业文化发挥作用的途径是通过员工对文化的认同，形成心理契约，对员工进行无形约束。因此，需要对员工不断地进行文化教化，企业文化才能发挥重要的作用。

企业文化的构建有一个价值观念归纳整理的过程，但是文化并不是简单的标语口号，不是把口号贴在墙上或者印成小册子就可以了。我们可以看到一些濒临倒闭的企业也有漂亮的口号，可是这些口号并不能挽救它们的命运。虽然这些口号听起来很像那么回事，但是它们做起来却又是另一回事。例如有的企业提出“质量就是生命”这样的口号，但实际生产出来的产品却是质量问题频出不断。

英辉公司新员工培训表如表10.2所示。

**表10.2　　英辉公司新员工培训表**

<table>
<tr><th>星期</th><th>日期</th><th>参训对象</th><th>培训内容</th><th>执行部门</th><th>培训师资</th><th>培训形式</th><th>培训时段</th><th>培训地点</th><th>备注</th></tr>
<tr><td></td><td></td><td rowspan="6">全员</td><td>心态培训（成长、感恩、责任心、进取心、协作、激励）</td><td rowspan="6">行政部</td><td></td><td rowspan="6">课程</td><td rowspan="6">随机</td><td></td><td></td></tr>
<tr><td></td><td></td><td>企业文化，品牌文化</td><td></td><td></td><td></td></tr>
<tr><td></td><td></td><td>公司规章制度</td><td></td><td></td><td></td></tr>
<tr><td></td><td></td><td>店务知识及日常工作流程</td><td></td><td></td><td></td></tr>
<tr><td></td><td></td><td>岗位职责及工作内容</td><td></td><td></td><td></td></tr>
<tr><td></td><td></td><td>公司薪资福利</td><td></td><td></td><td></td></tr>
</table>

续 表

| 星期 | 日期 | 参训对象 | 培训内容 | | 执行部门 | 培训师资 | 培训形式 | 培训时段 | 培训地点 | 备注 |
|---|---|---|---|---|---|---|---|---|---|---|
| | | 门店成员 | 专业知识 | 货品管理 | | | 课程 | | | |
| | | | | 陈列标准 | | | | | | |
| | | | | 七星级服务标准 | | | | | | |
| | | | | 前台培训 | | | | | | |
| | | | 营销知识 | 销售案例 | | | | | | |
| | | | | 傻瓜八部曲 | | | | | | |
| | | | | 销售话术 | | | | | | |
| | | | | 员工销售技巧 | | | | | | |
| | | 管理层 | 管理知识 | 角色认知 | | | | | | |
| | | | | 沟通管理 | | | | | | |
| | | | | 目标管理 | | | | | | |
| | | | | 时间管理 | | | | | | |
| | | | | 执行力 | | | | | | |
| | | | | 激励能力 | | | | | | |
| | | | | 情绪管理 | | | | | | |
| | | | | 团队建设 | | | | | | |
| | | | | 领导力 | | | | | | |
| | | | | 人力资源管理 | | | | | | |
| | | | | 客户管理 | | | | | | |
| | | | | 售后服务 | | | | | | |

**2. 做人方面的培训内容主要是学习中华先贤智慧**

孟子见梁惠王。王曰："叟不远千里而来，亦将有以利吾国乎？"

孟子对曰："王何必曰利？亦有仁义而已矣。王曰'何以利吾国'？大夫曰'何以利吾家'？士庶人曰'何以利吾身'？上下交征利而国危矣。万乘之国弑其君者，必千乘之家；千乘之国弑其君者，必百乘之家。万取千焉，千取百焉，不为不多矣。苟为后义而先利，不夺不餍。未有仁而遗其亲者也，未有义而后其君者也。王亦曰仁义而已矣，何必曰利？”

这段话的释义：孟子拜见梁惠王。梁惠王说：“老先生，你不远千里而来，一定是有什么对我的国家有利的高见吧？”

孟子回答说：“大王何必说利呢？只要说仁义就行了。大王说：‘怎样使我的国家有利？’大夫说：‘怎样使我的家庭有利？’一般人士和老百姓说：‘怎样使我自己有利？’结果是上位的人和下位的人互相争夺利益，国家就危险了啊！在一个拥有一万辆兵车的国家里，杀害其国君的人，一定是拥有一千辆兵车的大夫；在一个拥有一千辆兵车的国家里，杀害其国君的人，一定是拥有一百辆兵车的大夫。这些大夫在一万辆兵车的国家中就拥有一千辆，在一千辆兵车的国家中就拥有一百辆，他们的拥有不算不多。如果以道义为后却以利益为先，不夺得国君的地位不会满足。从来没有讲‘仁’的人却抛弃父母的，从来没有讲义的人却不顾君王的。所以，大王只说仁义就行了，为什么一定说利呢？”

孟子的观点：仁义比利益重要。

### 3. 做人的培训以“优秀的传统文化”为教材

春秋末年左丘明所著的《国语》中有这样的记载：“民性于三，事之如一。父生之，师教之，君食之。非父不生，非食不长，非教不知生之族也。”领导者要用这三个字来观照自己的言语行为、起心动念。

这三个字可以说是我们中国文化的三宝，哪三个字？“君、亲、师”，君、亲、师与天、地并称为“五尊”，万物当中最尊贵的就是“天、地、君、亲、师”，而“君、亲、师”就是把天地之德演出来，这样的“君、亲、师”才能真正让人尊敬。“君、亲、师”的本质到底是什么？

从字面上来看，“君”是领导人，“亲”是父母，“师”是老师；从本质来看，“君”代表以身作则，“亲”代表关怀、爱护，“师”代表引导、教诲，有言教更要身教。韩愈说：“师者，所以传道、授业、解惑也。”要传正确的做人之道，要能解员工的疑惑，这才是真正的老师。

现在有一个现象，父母觉得孩子很难带；领导觉得员工不听话；老师觉得学生不受教，这是谁有问题？是孩子、员工还是学生有问题？如果总是认为下面有问题，这样就很难契入圣贤的教诲。圣贤教诲有一句心法："行有不得，反求诸己。"其实父母、老师、领导者只要把"君、亲、师"都做到了，就一定可以把孩子教好，把学生带好，把员工培养好。所谓"治人不治反其智"，管理不好，要反省自己的管理智慧够不够，有没有观天道以顺人道。

为什么现在很多领导觉得员工不听话？因为他没有做到以身作则？他觉得他有这个权位，拿权位压别人，这么一压，表面上员工很听话，实则口服心不服，所以不能用权势压人。《弟子规》上说："势服人，心不然；理服人，方无言。"用道理、用自己的榜样力量去感化、去带动员工，这才是君。

再看"亲"。领导有没有把员工当作自己的亲人看待。当一个老板把员工当亲人看待，就会在工作中多帮助他们，在生活中多关心他们；就会及时解决他们在工作、生活上遇到的困难和问题。

在管理方式上，自然就会采用以人为本的人性化管理模式，努力改善员工的工作环境，实现员工的价值成长，促进员工快乐工作，提升员工生活品质，丰富员工的文化和精神生活，落实薪酬福利。这样的话，整个公司的气氛会怎样？那绝对是互相关怀，互相照顾，工作上积极主动，任劳任怨。

我们的部属不是一来什么都会，也需要我们对其进行点点滴滴的指导，管理人员要有耐心，利用一些机会提升部属的能力，部属的能力差，不是你的责任，但部属跟了你很长时间，能力素质得不到提高，这就是你的责任。你不愿教是心态问题，不会教是能力问题。如果部属跟着我们有很多的进步跟成长，部属也会时时念着我们教导他的这份恩德，并将这份恩德转化为工作上的动力和情感上的忠诚。所以当一位领导者做好君、做好亲、做好师，就一定会赢得部属的爱戴。

#### 4. 民族文化走向世界

越是民族的，也就越是世界的。在今天，中国古圣先贤的思想智慧作为民族文化，已经走出了中国，走向了世界，已经超越时空界限和民族、地域范围，成为全人类共同拥有的精神财富。

2004 年 11 月 21 日，全球第一所"孔子学院"在韩国首都首尔挂牌。据不完全统计，截至 2013 年 9 月，全球已建立 435 所孔子学院和 644 个孔子课堂，共计 1079 所，分布在 117 个国家（地区），成为汉语教学推广与中国文化传播的全球品牌和平台。

有些遗憾的是，孔子学院想在中国找一个老师并不容易，中国传统文化底蕴深厚的，外语过不了关；那些有留学经历、外语流利的，对中国传统文化又了解甚少。

见到中国出去的留学生，很多外国人都想从他们身上学习一些中国的传统文化思想，可一问才知道，我们的留学生，孔子没读过，老子没读过，孙子没读过，诸子百家的书也没看过，倒是会读两首唐诗："床前明月光……"国外人非常不理解，你们中国人居然不学习自己国家的文化。

广东某高校将儒释道的经典文章合订成册，为方便携带，专门做成了口袋书，免费送给老师，希望老师好好学习。可是，没想到的是，这些书放在办公室，绝大多数老师都不领取，免费给都不要。

党的十七大报告中指出：弘扬中华传统文化，建设中华民族共有的精神家园，要坚持"育人为本、德育为先"的教育方针。"弘扬传统文化"的字眼出现在党的文件上，这还是有史以来第一次。

党的十八大再次重申："构建传统文化传承体系，弘扬中华优秀传统文化。"

在中央党校建校80周年庆祝大会上，习近平总书记要求："中国优秀传统文化，领导干部要学习，要以学益智，以学修身。"

西方的管理理论，多为控制、考核、监督等，主要是针对他人。中国传统文化则主要是讲领导者个人的修身、内省。正如《大学》八条目所言："格物、致知、诚意、正心、修身、齐家、治国、平天下。"前四目是内圣，修身为本，后三目是外王。

# 第十一章 职业生涯规划

职涯规划是企业留住人才的系统工程之一，也是人力资源中人尽其才的重要组成部分。从个人的角度来讲，当一个人觉得从事某一工作很快乐，很感兴趣并且学习一项东西学得特别快，学得特别好时，你往往能做好自己的工作，可以说兴趣是最好的老师，兴趣是人生发展的最大动力。

职业生涯包括以下两个方面：

一是对职业的选择。俗话说："男怕入错行，女怕嫁错郎。"究竟如何选择自己准备为之奋斗一生的职业呢?

对一个刚刚走上工作岗位的年轻人来说的确是难为了他。其实，选择职业不是一朝一夕之功，而是一个不断摸索、不断学习、不断实践的系统工程。

二是对企业的选择，选择一家怎么样的企业对个人的发展至关重要。选择一家大公司，在管理上往往比较正规，培训也到位，新员工可以在里面学习规范的管理，得到历练，但大企业往往人才济济，等级也多，提升机会相对要少。如果选择一家小企业，往往身兼多职，可以使人得到全面的锻炼，同时提升机会也多。上述情况因人而异，不可一概而论。

行业和企业选择好之后，就要进行个人的职业生涯规划，主要包括三方面的内容：职业道德规范、价值观塑造、职业生涯方向。

## 第一节 职业道德规范

对于人才的基本要求是德才兼备，因此，我们不仅要加强自身素质和工作技能提高，还要学会遵守相应的行为规范和行为准则，而这种行为规范和行为准则就是员工的职业道德。

### 1. 职业道德教育的目标

员工职业道德教育的目标是培养正确的从业观念，全心全意为客户的服务意识和团结协作的精神，严格的组织纪律观念和集体主义精神。

（1）培养正确的从业观念

培养正确的从业观点，就要从热爱本职工作开始。热爱本职工作是一切职业道德中最基本的道德守则，它要求员工爱业敬业、乐业精业，忠实地履行自己的职业职责，以积极的态度对待自己的职业活动，不断开拓进取，充分发挥自己的聪明才智，在平凡的服务岗位上创造出不平凡的业绩。

（2）培养良好的团队意识

当前社会是一个协作的社会，任何企业必须依靠团队的完美合作才能取得成功，“没有完美的个人，只有完美的团队”已成为行业共识。

我们必须清晰地认识到，只有把自己的职业行为完全融于整个团队的行为中，才能取得成功。因此，同事之间、岗位之间、上下级之间，只有相互理解、相互支持、及时沟通，才能出色地完成自己的任务。

（3）培养遵纪守法意识

严格的规章纪律是做好工作的基本保证，是我们应有的基本品德。任何个人必须遵守国家法律法规，遵守企业的规章制度和操作规程，努力养成自觉的服从意识和自觉遵守组织纪律、执行规章制度的习惯。

（4）培养诚实守信意识

诚实守信是中华民族的传统美德，也是我们的根本行为准则，更是保证企业昌盛不衰的秘诀。培养员工的诚实守信意识，就是要保证在工作中能以诚待人，以诚待客，扎扎实实地做好服务工作。

### 2. 良好职业道德的培养

培养良好的职业道德，要从职业认识、职业感情、职业信念、职业意志和职业习惯这五个方面进行。也就是说，在不断提高职业认识的基础上，逐步加深职业感情，磨炼职业意志，进而坚定职业信念，养成良好的职业习惯和行为，达到具有高尚职业道德的目的。

（1）提高职业认识

提高职业认识，就是按照职业道德的要求，深刻认识自己所从事职业的性质、地位和作用，明确服务对象、操作规程和应达到的目标，认识自己在职业活动中应该承担的责任和义务，以提高热爱本职工作的自觉性。

（2）加深职业感情

培养职业感情，就是在热爱本职工作的基础上，从高处着想，低处着手，一点一滴地培养自己对本职工作的感情，不断加深对自身职业的光荣感和责任感。

（3）磨炼职业意志

磨炼职业意志，就是要求从事职业活动和履行职业职责的服务人员，在对客人提供优质服务的过程中，努力锻炼自己，用坚强的意志去克服和解决各种矛盾，处理好内外的人际关系。

（4）坚定职业信念

坚定职业信念，就是要求不同岗位上的工作人员，干一行，爱一行，专一行，在工作中出类拔萃，为实现职业的理想而坚持不懈地努力。

（5）养成职业习惯

职业行为和习惯是在职业认识、情感、意志和信念的支配下所采取的行动。经过反复实践，当良好的职业行为成为自觉的行动而习以为常的时候，就形成了职业习惯。

以上五个因素是相互联系、相互作用、相互促进的，只有发挥所有职业因素的作用，才能达到具有高尚的职业道德的目的。

## 第二节 价值观的塑造

如今，企业人才结构已不同往日，“80后”“90后”成了中流砥柱。很多人抱着初生牛犊不怕虎的雄心壮志投入到各行各业中去，却未意识到现实工作的残酷、期望中的工作与现实的落差让很多人对行业望而却步。

这时，企业新人需要特别对待、耐心引导，对其适当地开展人生职业规划方面的培训，树立正确的人生价值观，构筑一个明亮的未来，重燃企业新希望。

### 1. 树立正确的价值观

价值观是一个人判断某个事物有没有价值或价值大小的尺度和准则。一个人的价值观一旦确立，便具有相对的目标性、引导性、推动性和稳定性。

由于社会环境和职场环境不断发生着变化，一个人的价值取向和观念难免在“被影响”状态下被动地发生着变化。从而，每个人的价值观也会不断地、不同程度地受到由新环境的变化，而导致新价值观产生的挑战。

职场如战场，虽然没有硝烟，但她一样很残酷，虽然没有敌人，但周围一直都潜伏着强悍的竞争对手；职场如战场，弱肉强食，胜者为王，“仗”是一波一波地打，人是一波一波地换，有些人总是赢，但也有些人始终都没搞清楚自己为何输。

职场成败的奥妙在哪里呢？可能取决于一个人的价值取向和发展战略，也可能取决于个人的理想和发展规划，也有可能取决于个人的战术实施和能力的强弱，当然，也有可能是你的性格、你的人际关系管理、你的运气或者是你的修养……

但无论职场成败的关键是什么？如果你的职场是一个没有价值观的职场，那么，你在职场的状态便是：无头苍蝇到处乱撞，总为别人做嫁衣，让属于自己的时间白白流失，搞不清楚自己的规划是为价值观服务的，搞不清楚自己的能力是为价值观服务的，搞不清楚自己的性格是为价值观服务的，搞不清楚所有的人际关系也是为价值观服务的，甚至更多的人根本就不知道自己要什么？也不知道自己能做什么？更不知道自己将要去做什么……

而且，更可悲的是：在职场中还辨不清敌我，分不清是非，搞不清主次，很难构成自己的职场价值观体系。可见，职场中的大多数人没能正确地理解价值观的意义，也没有使个人价值观发挥重要的作用。

其实，决定每个人的职场结果或者说影响每个人职场成败的关键因素就是你的职场价值观，因为，你的职场价值观会决定你的职场行为，你的职场行为决定了你的职场结果。

徒弟问师傅，一碗米的价值是多少呢？师傅说，这很难说了，那要看这碗米在谁的手里。如果是在一个家庭主妇手里，她加点水蒸一蒸，用半个钟头的时间就可以端几碗米饭出来，让一家人吃一顿饱饭，就是一顿饭的价值。

要是在小商人手里，他把米好好泡一泡，加一些红枣、豆类、花生或一些肉类，并用粽叶包好，再蒸一下，五六个粽子一上市就是二三十元钱的价值。

要是到一个更有经济头脑的大商人手里，把它适当地发酵、加温、窖藏，包装成一瓶美酒，有可能是几百元钱到几千元的价值，甚至更高。可见，一碗米有多少价值，要因人而异。

其实，从一碗米到一顿饭也好，一瓶酒也好，我们每一个人最初的价值都是“一碗米”，家庭主妇、小商人、大商人所处的环境不同，追求的不同，他们的价值观也就不同。价值观不同则定位不同，定位不同则做事的行为不同，显然发展的结果也就不同。

每个人的价值在很大程度上取决于每个人对“一碗米”的加工程度，通常说来，加工的时间越短，离米的原始形态越近，价值就越低；加工的时间越长，离原始的形态就越远，价值也就越大。因此，要提升个人的价值，就要善于加工自己，不断改变自己的价值空间。

### 2. 价值观导向和管理

美国作家吉姆·柯林斯曾说：“真正让企业长盛不衰的，是深深植根于员工心中的核心价值观。”这句话道出了价值观的精髓和要害，价值观对经营企业有用，对个人成长一样有用。

企业以人为本，企业的主体是人，只要抓住了每个人的价值观，那么，人的行为就被你抓住了，企业就可以长盛不衰，这是组织管理的范畴。同样的道理，如果一个人能够把自己的价值观管理好了，那么你就把你自己牢牢地抓住了，你的行为就被你抓住了，当然，有些人可以抓住，但有些人则抓不住，因为这是一个人对自我管理的意识问题、能力问题。

现代职场人的价值观导向变得越来越现实和简单，似乎不加任何的掩饰和隐瞒，其实这个并不可怕，可怕的是很多的企业根本就不重视员工的价值观引导或管理。

也有可能是由于社会环境的多变性，企业组织对员工价值观不重视，职场人又抱着无所谓的态度，导致了职场人价值观导向现实性和简单性的存在，但无论是什么原因导致，以下十种职场价值观的导向已经是各个企业的常态，供大家参考。

（1）预期收益：收入是否会越来越高，福利是否会越来越好。

（2）权利范围：权利能否越来越大，职务是否会越来越高。

（3）成就感：成绩有没有被组织或上司或同事及时认可，自己有没有被重视。

(4) 公平性：公司规章制度和激励机制的公平、公正、公开性。

(5) 成长空间：能力能否增长，品格能否得到提升。

(6) 兴趣爱好：是不是在做自己喜欢的工作。

(7) 快乐指数：我快乐吗?

(8) 环境舒适度：环境优越性。

(9) 人际关系和谐：很多人因为不会妥善处理人际关系而头疼。

(10) 情感：有些人工作是为了情感。

麦当劳有“QSC + V”的理念。Q 是 quality（品质），S 是 service（服务），C 是 cleaning（卫生、清洁），V 是 value（价值）。这个理念可以理解为“质量超群，服务优良，卫生清洁，货真价实”。

比如麦当劳产品加工和烹制程序乃至厨房布置都是标准化、被严格控制的。每个餐厅的菜单基本相同，而且是有限的菜单服务项目，确保食物口味的稳定性，培养客户忠诚度。

服务方面，麦当劳强调的是微笑理念、阳光快乐理念和周到快捷的服务理念。提倡每个人脸上都带着笑容去服务客人。

卫生方面，员工在工作的时候，每 30 分钟洗手 15 秒。每 15 分钟打扫卫生间一次，30 分钟检查一次。

走入中国每一家麦当劳店，里面的员工同样都是中国人，但是他们身上的那种快乐、主动、积极给人的印象却异常深刻。为什么会这样？因为麦当劳的文化熏陶了他们。

麦当劳员工手册首页就是“麦当劳箴言”，其中特别提到了赢家与输家的区别：赢家永远是答案的一部分，输家永远是问题的一部分；赢家永远有一个计划，输家永远有一个借口；赢家常说：“让我来帮你做。”输家常说：“那不是我的事。”赢家总是看到每个问题的答案，输家总是看到每个答案的问题；赢家常说：“可能很困难，但希望很大。”输家常说：“可能有希望，但困难重重。”

总之，如果每个人都有危机感，都有责任心，每天做好自己的本职工作，对外塑口碑、塑品牌，创造利润，在企业内部打造一种赢的团队，打造一个赢的氛围，我们就能变得不平凡，就能做到企业、员工和客户的共赢。

## 第三节 职业生涯方向

职业规划虽然老生常谈，但是好多人对其并没有重视。实事上，并不是每一个人都能按规划好的道路发展，最终关键还是取决于自身因素，当前的思路决定未来的命运。但经过规划，自己会少走很多弯路，节省很多机会成本，可能会更快走到职业的顶峰。

职业规划就是尽可能地规划自己未来职业发展的历程，在充分考虑个人的能力、性格特质、价值取向、发展利弊等因素的前提下，对自己未来职业发展进行妥善安排，期望达到自己人生的最高境界。

职业规划包括几个基本要素：了解自己，包括审视自己的兴趣、能力、价值观、性格、气质、成长历程对自己的影响等因素；了解环境，分析从事该行业所需要的胜任能力、主要就业渠道、岗位职责、发展前景、薪资待遇等。

人往高处走，水往低处流。虽然我们可能处在一线最基层的岗位上，但是也需要不断地发展，所以不能认为我们做这么基础性的工作，就不需要职业规划。进行职业规划，需要准确职业定位，不要把工作当成一种生存手段，而是要当作自己的事业来做，当成实现自己价值的舞台来奋斗与追求。

只有这样，我们才能快速提高自己的工作能力，在枯燥的工作中保持长时间的工作激情。做好本职工作，快速积累工作经验，同时挑战自己向更高目标发展，以证明自己的能力和价值。

### 1. 正确地自我评估

自我评估是职业生涯规划的基础，有效的个人职业生涯规划要求我们首先对自己做全面的分析，通过自我分析，正确认识和了解自己，对自己未来的职业生涯做出最佳的抉择。

如果忽视了自我评估，职业生涯规划就很容易中途夭折。自我评估的主要内容包括兴趣、个性、性格、能力、特长、学识水平、思维方式、价值观、情商以及潜能等。即弄清楚你是谁，你想要做什么，你能做什么。

俗话说："当局者迷。"每个人对自己的认识总是片面的，所以，在做自我评估时，应当考虑他人的意见，我们称之为"角色建议"。

正如美国福特汽车首席专家路易斯·罗斯所说："在知识经济时代，知识就像是鲜奶，纸盒上贴着有效期，如果有效期到了，你还不更新所有的知识，那么你的职业生涯很快就要被腐蚀掉。"

就像鸟儿需要飞翔一样，职业就是你飞翔的翅膀，是你梦开始的地方。能飞多远完全取决于你的判断力，因此，必须有明确的职业发展导向。

### 2. 确定的职业目标

为什么要选择职业目标呢？因为你不清楚自己要朝哪个方向走，通常会原地踏步。就像大海中的航船、空中的飞机，没有目标无法前行。如果职业没有目标，职业发展随时有可能陷入停滞状态。

（1）盘点自己

如果一个人不清楚自己想做什么，适合做什么，能做什么，就难以找到发展自己的人生舞台，并演绎你多彩的职业人生。盘点自己包括个人的能力、个人的兴趣与爱好、个人的性格与气质、个人的学识水平、个人的技能，进而综合评价自己。

（2）分析自己

分析自己采用机会评估工具（SWOT 法），包括以下几点：

①优势分析：你曾经做过什么？你学习了什么？最成功的是什么？

②劣势分析：性格的弱点，经验或经历中所欠缺的方面。

③机会分析：对社会大环境的分析；对自己选择企业的外部分析；人际关系分析；潜在的危险分析。

④分析自己学业、专业与职业：学业是职业发展的基础，根据自己的能力与专业来选择自己的职业，确立职业目标。清楚地认识自己，就是要对自己的专业和职业进行完美组合，处理好专业与职业的五种关系：专业包容职业；以专业为核心；专业与职业部分重合；专业与职业相切；专业与职业分离。

确定自己的职业发展路线，询问自己：想往哪一条路线发展？我适合往哪一路线发展？我可以往哪一路线发展？

（3）职业目标的标准

根据马斯洛需求理论，职业目标分为不同的阶段，如图 11.1 所示。

职业目标必须是自己认真选择的：对选择的结果要认真评估，对目标充

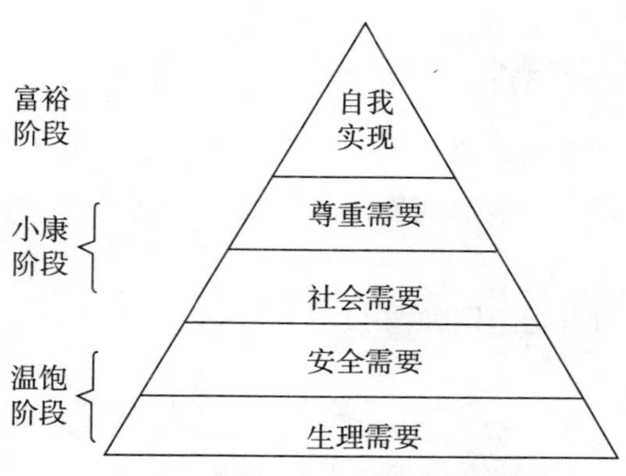


**图 11.1　职业目标的不同阶段及其需求**

满信心，愿付出行动来完成，适合你的生活模式，符合你的价值观。同时要注意：不要太贪心，目标要具体明确、高低适度、兼顾平衡，个人目标与企业目标要一致。

（4）目标的设定

要以自己的最佳才能、最优性格、最大兴趣、最有利的环境等信息为依据。通常设定目标时分短期目标、中期目标、长期目标和人生目标。比如，从基层到中层，到公司的顶梁柱，如图 11.2 所示。

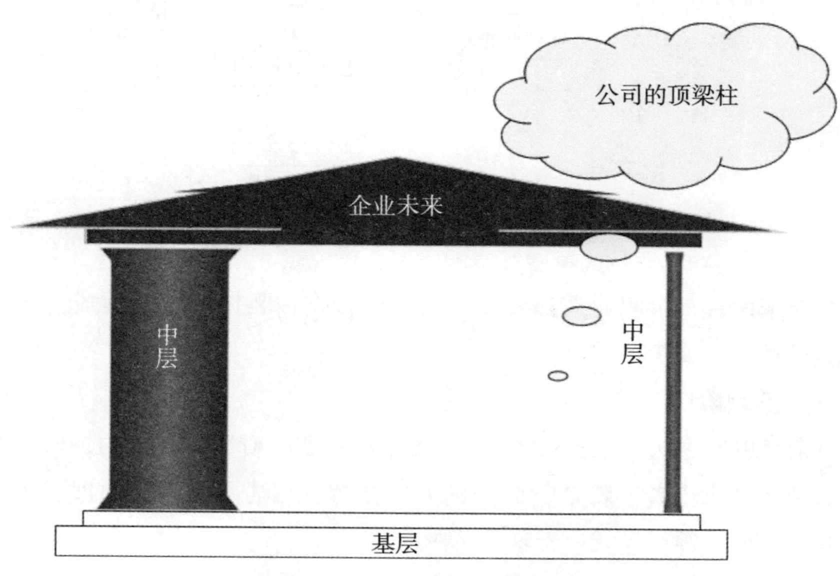


**图 11.2　中层——公司的顶梁柱**

### 3. 职业角色跨越式蜕变

从蓝领、白领到金领是我们人生发展的三次重大飞跃。不经历风雨，怎么见彩虹？一个人是不可能随随便便成功的。要经过多年的努力奋斗才能实现他心中的梦想。

职业生涯规划晋升通道图如图 11.3 所示。

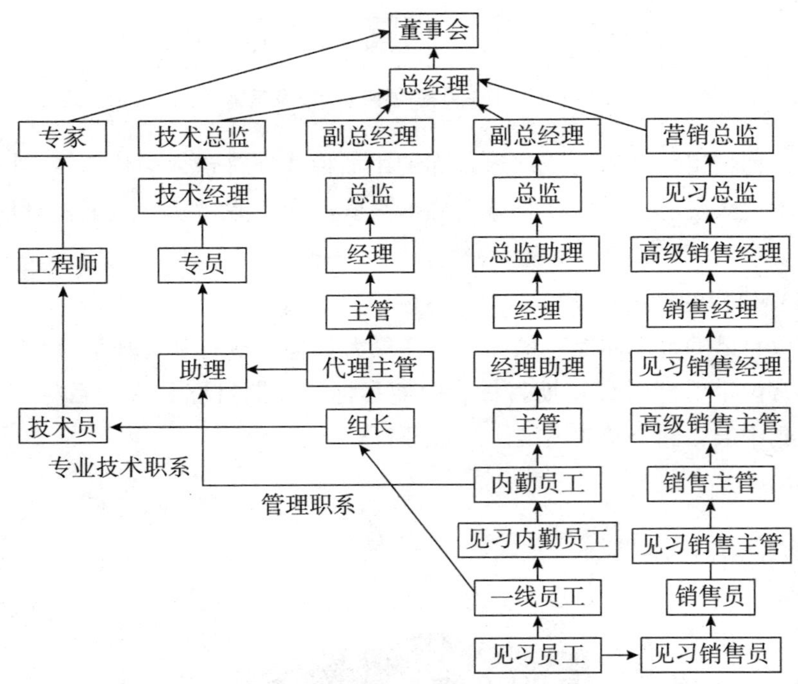


图 11.3　职业生涯规划晋升通道图

一般来说，一个职业人都要经过蓝领阶段、白领阶段，最后成为金领这样一个过程。

（1）蓝领阶段

所谓蓝领，过去从事这方面工作的人员一般衣领是蓝颜色的，所以叫蓝领。蓝领就是执行者，就是听命于别人的指挥。酒店里客房、前厅、餐饮等部门的服务员、领班等就属于这个范围。

（2）白领阶段

所谓白领，过去从事这方面工作的人员一般衣领是白色的，所以叫白领。

白领就是管理者，是对一个班组、一个部门进行管理的人员。酒店里领班以上人员、部门经理等都属于这个范围。

（3）金领阶段

所谓金领，一般来说，从事这方面工作的人员是使金钱放大增值，给别人发工资的那些人。酒店金领就是酒店经营者、领导者、掌舵者，是酒店的主要决策者。如酒店里的总经理、董事长等就属于这个范围。

企业应该帮助每一位员工设计其职业发展规划，使员工能够看到未来发展的方向和目标。企业在招聘时，选择有潜质的人才，按照其性格特点和兴趣爱好将其分配到某个部门，给予其一段时间的基层工作锻炼，如果达到了特定的指标并通过评审，可以提升到一定的职位。这样，通过不断地磨炼和培养，将能为企业创造出优秀的管理人才。

总之，通过职业生涯规划可以发掘自我潜能，增强个人实力，增强发展的目的性与计划性，提升成功的机会，提升应对竞争的能力。

# 第十二章　劳动合同

劳动关系就是劳动者与所在单位之间在劳动过程中发生的关系。企业所有者、经营者、普通职工及其工会组织之间在企业的生产经营活动中形成的各种责、权、利关系，主要包括：所有者与全体职工（包括经营管理人员）的关系；经营管理者与普通职工的关系；经营管理者与工人组织的关系；工会与职工的关系。

劳动关系三要素包括主体、内容、客体三部分。主体就是劳动法律关系的参与者，包括劳动者、劳动者的组织（工会、职代会）和用人单位；内容就是主体双方依法享有的权利和承担的义务；客体就是主体的劳动权利和劳动义务共同指向的事物，如劳动时间、劳动报酬、安全卫生、劳动纪律、福利保险、教育培训、劳动环境等。

## 第一节　我国劳动关系现状

当下，劳动关系趋向主要表现在：经营者职位权力与职工民主权利的逆向涌动；危机感与主人翁责任感的逆向涌动；竞争意识与合作意识的逆向涌动；利益驱动与理想信念的逆向涌动。

### 1. 劳动关系现状

我国劳动关系三方机制的建立是有其深刻的历史背景和现实意义的。改革开放以来，我国的国民经济保持了快速发展的势头。同时，随着多种经济成分的形成和发展，我国劳动关系的领域也发生了深刻的变化。

（1）劳动关系类型的多样性和复杂性

改革开放以后，我国出现了多元所有制的劳动关系，除了原来的国有经济和集体经济的劳动关系以外，还出现了合作制经济、股份制经济、私营经济、个体经济和外商投资经济，还有很多企业是多元投资主体的企业。同时，在各种所有制企业中还出现了不同的经营形式，如公司制、承包制、租赁制等。多种所有制形式和多种经营形式导致了劳动关系的多样性和复杂性。

（2）劳动关系主体利益的多元化

劳动关系的主体是企业和劳动者。劳动关系的本质是处理不同利益主体之间的利益关系。随着社会主义市场经济体制的建立，企业成为独立的法人主体，有了独立的经济利益要求。同样，企业的劳动者也由国家的“铁饭碗”变成通过劳动合同、集体合同所约束的独立的利益主体。特别是在一些非国有企业中，劳动力关系市场化已成为大势所趋，主体利益的倾向十分明显。

（3）劳动关系规范的合同化

通过签订劳动合同来规范企业和劳动者的劳动关系，明确双方的权利和义务，规范和约束劳动关系主体双方的用工行为和劳动行为，已经成为我国目前劳动关系发展的一种重要趋势。劳动关系的合同化对于维护企业和职工利益都有重要的作用。

（4）劳动关系运行的市场化

在计划经济条件下，劳动关系的运行一直由政府运用行政手段直接调控；在市场经济条件下，市场机制将在劳动力资源配置方面发挥基础性作用，劳动关系的运用将由国家的行政控制转变为市场调节。

（5）劳动关系管理的法制化

市场经济本质上是法制经济，同样，劳动关系的法制化管理也是劳动关系发展的重要趋势。我国在劳动关系法制化建设方面已经做了大量的工作，已经形成了以《劳动法》为主体的一整套劳动关系法律体系，在调整劳动关系各个方面都有或正在制定相应的法律规范。

目前，我国劳动关系的主体初步确立，劳动关系日趋多样化、复杂化、动态化，劳动争议日渐显性化。

### 2. 劳动争议的特点

近年来，随着我国经济的不断发展，我国的劳动经济关系发生了深刻变化，尤其在2011年《劳动合同法》和《劳动争议调解仲裁法》相继实施的立法背景下，用人单位与劳动者之间的劳动法律关系面临着巨大变革，各种劳动争议案件数量大幅度增加。

（1）劳动争议案件数高速增长，如图 12.1 所示：

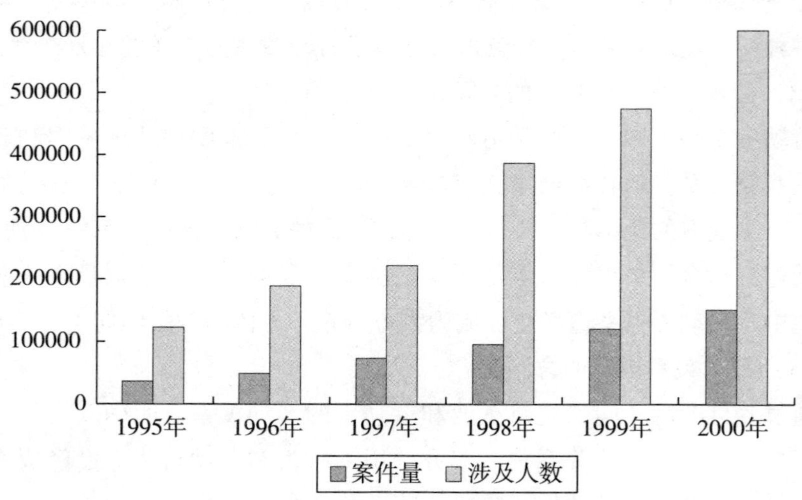


**图 12.1　1995—2000 年我国劳动争议案件数**

（2）其他性质企业劳动争议案件数量明显超过国有企业劳动争议案件：

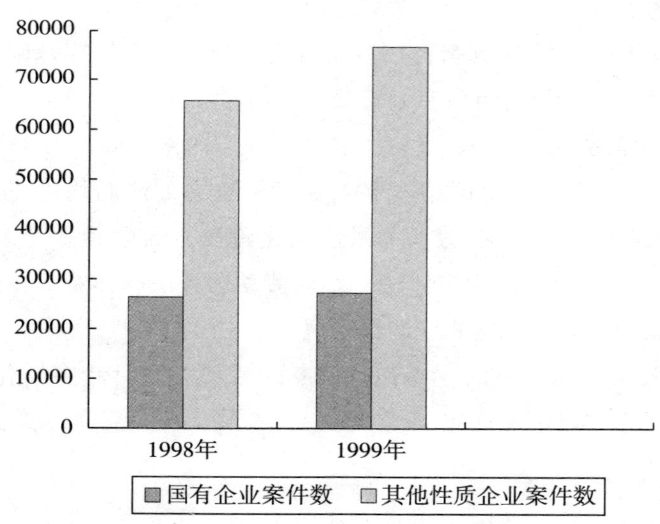


**图 12.2　国有企业与其他性质企业劳动争议案件数量比较**

（3）经济发达地区的劳动争议案件大大多于经济发展滞后的地区，劳动争议案件处理中，依法裁决的比重进一步加大，劳动者的申诉率高，胜诉率也高。

### 3. 劳动争议案件数高速增长的宏观原因

（1）宏观原因

劳动关系主体双方的具体经济利益差异性更加明显；劳动立法及劳动法规的制定滞后，且不配套；人们的法制观念淡薄；我国劳动力供过于求；过去劳动关系中长期遗留问题的显性化。

（2）微观原因——企业层次

企业内部劳动规章制度不合理、不健全或不依合理程序制定；企业法制观念淡薄，人力资源管理人员缺少在劳动争议管理方面的专业训练；企业改制和一些企业经营困难导致了劳动争议的产生；一些企业知法犯法造成劳动争议。

（3）微观原因——个人层次

贪图私利，钻企业政策空子的心理；法制观念淡薄；习惯观念制约。

（4）非公有制企业（主要是外资企业）的问题

员工以民工为主，存在求职盲目性（原因是信息不充分、竞争）、组织涣散性、工作短期性的问题，因而不易建立组织；

员工对待不公待遇的方法：跳槽、消极怠工、破坏机器、罢工（但范围、作用都不大）；

企业强迫员工无偿加班，拖欠、克扣工资，忽视劳动保护（安全、卫生），没有保险，体罚，侮辱职工人格。

## 第二节　劳动争议及处理

### 1. 解决劳动争议的基本原则

我国《劳动法》规定："解决劳动争议，应当根据合法、公正、及时处理的原则，依法维护劳动争议当事人的合法权益。"根据《中华人民共和国企业劳动争议处理条例》的规定，处理劳动争议，应当遵循下列原则："着重调解，及时处理；在查清事实的基础上，依法处理；当事人在适用法律上一律平等。"

（1）着重调解

着重调解是处理劳动争议的基本手段，并且贯穿于劳动争议处理的始终。

无论是调解、仲裁还是审判，都要贯彻着重调解原则，能够达成调解协议的首先要达成调解协议，调解的前提是双方自愿，自愿达成的协议必须合法。

（2）及时处理

劳动争议必须及时处理。调解虽然是调解争议的重要手段，但并不是万能的手段，当调解无法达成协议时不能久调不决。为此，《劳动法》第 83 条及《企业劳动争议处理条例》规定了关于调解、仲裁的期限。

（3）合法原则

以事实为根据，以法律为准绳是法律适用的重要原则，也是劳动争议工作处理的准则。所谓合法，既包括新颁布的《劳动法》，也包括宪法、基本法，还包括规章、制度；既有实体的法，也有程序的法。劳动争议的依法处理要体现出大法优于小法的原则，即有法依法，无法依规定，无规定依规章，无规章依政策，无政策依惯例、依情依理。但是，也要考虑专业法优于一般法，地方法优于普通法，合同的约定优于法律的规定，以及先程序、后实体，后法优于先法等在劳动争议处理中所体现的法的原则性与灵活性相结合的特点。

（4）公正原则

劳动关系的特征决定劳动关系是一种隶属关系，是一种领导与被领导、组织与被组织、管理与被管理的关系。所以坚持公正原则是劳动争议的重要原则。鉴于劳动关系的隶属性，在劳动争议处理中应当体现向劳动者当事人倾斜的政策。

### 2. 解决劳动争议的途径和方法

（1）双方自行协商解决。

（2）通过劳动争议委员会进行调解：《劳动法》规定，在组织内部可以设立劳动争议调解委员会。它由员工代表、组织代表和工会代表三方组成。劳动争议调解委员会所进行的调解活动是群众自我管理、自我教育的活动，具有群众性和非诉讼性的特点。劳动争议调解委员会调解劳动争议有申请、受理、调查、调解、制作调解协议书等步骤。

（3）通过劳动争议仲裁委员会进行解决：劳动争议仲裁委员会由劳动行政部门代表、同级工会代表和用人单位方面的代表组成，劳动争议仲裁委员会主任由劳动行政部门的代表担任。劳动行政主管部门的劳动争议处理机构为仲裁委员会的办事机构，负责办理仲裁委员会的日常事务。劳动争议仲裁委员会是一个带有司法性质的行政执行机关，其生效的仲裁决定书和调解书具有法制强制力。劳动争议仲裁时应遵循如下原则：调解原则，及时、迅速原则，一次裁决原则，等等。一般来说，劳动争议仲裁的步骤有：受理案件阶段、调查取证阶段、调解阶段、裁决阶段、执行阶段。

（4）通过人民法院处理劳动争议。

## 第三节　未来发展

### 1. 劳动关系整合

整合所有者与经营者之间的关系（政企分开，法人治理结构）；整合经营者与职工之间的关系；整合职工与职工之间的关系；整合企业与职工之间的关系。

### 2. 长期目标

建立劳动关系双方依法自主协商、政府依法调整与监察的新型体制：

以劳动法律法规和劳动政策基准为依据；以劳动关系双方平等自主协商为基础；以实行劳动合同制度与集体协商和集体合同制度为基本形式；以劳动争议处理工作和劳动监察为维护劳动关系双方合法权益的保障手段；以科学的理论和工作研究为支撑；建立宏观预警系统，为指导劳动关系调整与监察工作及时提供信息。

### 3. 处理劳动关系的原则

劳动关系三方原则，也称劳动关系三方协商机制，根据国际劳工组织1976年144号《三方协商促进国际劳工标准公约》规定，三方机制是指政府（通常以劳动部门为代表）、雇主和工人之间，就制定和实施经济和社会政策而进行的所有交往和活动。

即由政府、雇主组织和工会通过一定的组织机构和运作机制共同处理所涉及劳动关系的问题，如劳动立法、经济与社会政策的制定、就业与劳动条件、工资水平、劳动标准、职业培训、社会保障、职业安全与卫生、劳动争议处理以及对产业行为的规范与防范等。

处理劳动关系的原则：兼顾各方利益；协商为主解决争议；以法律为准绳；劳动争议以预防为主。

#### 4. 改善劳动关系的途径

通过规范化、制度化的管理，使劳动关系双方（企业与员工）的行为得到规范，权益得到保障，维护稳定和谐的劳动关系，促使企业经营稳定运行。

企业劳动关系主要指企业所有者、经营管理者、普通员工和工会组织之间在企业的生产经营活动中形成的各种责、权、利关系。改善劳动关系的途径如下：

（1）立法

依法制定相应的劳动关系管理规章制度，进行法制宣传教育；明确全体员工各自的责、权、利。

（2）发挥工会及企业党组织的作用

发挥工会或职代会及企业党组织的积极作用。通过这些组织协调企业与员工之间的关系，避免矛盾激化。

（3）培训主管人员

培训经营管理人员。提高其业务知识与法律意识，树立良好的管理作风，增强经营管理人员的劳动关系管理意识，掌握相关的原则与技巧。

（4）提高职工的工作生活质量

提高员工的工作生活质量，进行员工职业生涯设计，使其价值观与企业的价值观重合，这是改善劳动关系的根本途径。

（5）职工参与民主管理

员工参与民主管理。企业的重大决策，尤其涉及员工切身利益的决定，在员工的参与下，可以更好地兼顾员工的利益。